Die Billigkeit.

Eine Grundform des freien Rechts.

Von

Fritz Gillis.

Berlin 1914.

J. Guttentag, Verlagsbuchhandlung,

G. m. b. H.

Inhalt.

3. Abschnitt.

Die Billigkeit im Rahmen der Normen (Allgemeines).

4. Abschnitt.

Die Praxis der Billigkeit.

Eingang.

Nach **Kant** ist die Billigkeit „ein Recht ohne Zwang", nach **Schopenhauer** aber ist sie „der Feind der Gerechtigkeit".

Die Einsicht Kants in das Wesen der Billigkeit und ihre Verweisung in das Gebiet des Rechtes selbst, gibt uns mehr Sicherheit, das Problem der Billigkeit zu lösen, als Schopenhauers abwehrende Bemerkung von ihrer feindlichen, gefährlichen Stellung zu Recht und Gerechtigkeit.

Die Aussprüche dieser beiden Philosophen aber sind der entschiedene Ausdruck für die Richtungen, die die Auffassung von der Billigkeit gewöhnlich einschlagen mag. Was hier im Einzeldenken sich transversal[1]) ausprägt, ist die Bezeichnung für den allgemeinen Gegensatz, wie er sich bei dem mit dem Gefühl urteilenden Volk und bei den sinnenden Gelehrten findet. Ob die Billigkeit ihren einzigen Grund herleitet aus dem Gefühl, das als gütiges Wohlwollen dem starren Recht zur Seite tritt — in der Redewendung recht und billig stehen beide Begriffe einander kontradiktorisch[2]) gegenüber — oder ob sie im Begriff des Rechts selbst enthalten sei und aus seiner Quelle ihren Grund mitschöpft, ist die Frage, die von Aristoteles bis auf unsere Zeit einer klaren Lösung harrte, wenn sie auch bei den meisten Denkern ihren Weg nahm nach dem Versuch, Recht und Billigkeit in ihrer grundsätzlichen Verwandtschaft aufzuzeigen.

Was im Einzelgeiste ringt, in konzentrierterer Einheit, das liegt in seinen Teilen auseinandergebreitet in dem geschichtlichen

---

[1]) „Die Billigkeit ist von jeher sowohl das Leidwesen als auch die Blüte der Rechtsprechung gewesen." **Schmölder**, Die Billigkeit als Grundlage des bürgerlichen Rechts. 1907, S. 11.

[2]) **Schmölder**, a. a. O., S. 66.

Werden eines Volkes.[1]) Und wer den Gedanken, daß Recht und Billigkeit zwei an der Oberfläche auseinanderwachsende Stämme einer Wurzel sind, zu begründen sucht, könnte ihn als Tatsache gestaltet finden etwa in der geschichtlichen Veränderung der alten starren Gesetze zu passender Schmiegsamkeit. Es ist wie das Walten der Idee, die sich zum Ereignis körperlich verdichtet, und was das römische Recht aus seiner steinernen Zwölftafelgesetzgebung durch das biegsame prätorische Recht zum weitherzigen, allumfassenden jus gentium führte, ist wie das denkende Ringen der Natur selbst, als adäquate Form zu dem Gedanken, an dessen Begründung uns fortan alles liegen soll.

Was die meisten rechtsphilosophischen Darstellungen im Umkreis des gestellten Problems ausrichteten, ist nicht die Erkenntnis von dem wahren Wesen der Billigkeit. Nicht was sie im Grunde sei, sondern warum das Recht ihrer bedarf, war Gegenstand der Erwägung. So bestimmt selbst ein modernes Lehrbuch der Rechtsphilosophie (Kohlers von 1909) mit keinem Worte den Begriff der Billigkeit; sie ist voraussetzungslos gegeben, um den Rechtsnormen ihres abstrakten und darum weiteren Umfanges wegen inhaltlich als Korrektur zu dienen, ganz im Sinne des Aristoteles im 5. Buch der Nik. Ethik.

Aber von der Einsicht der Notwendigkeit ihres Wirkens ist doch immerhin die Brücke zur Erkenntnis ihres Begriffs geschlagen. Ihr Wirken bezeichnet ihre Stellung im Recht, die Art ihres Tätigseins deckt ihre Beziehungen auf zu dem Boden, auf dem sie sich bewegt, ob sie autochthon da herrscht oder dahin verpflanzt ist. Ihre Wirksamkeit kann zeigen, woher sie stammen mag. Wir sagen, sie ist eine besondere Gestalt des Rechts selbst.

In der Mitte zwischen der Verpflanzung der Billigkeit in das bloße Gefühl und ihrer Verweisung ins Recht stehen die Versuche, sie auf die Moral zurückzuführen. Der Grund rührt vor allem her aus der Neigung, Recht und Ethik zu verschmelzen. Die Unfähigkeit, beide in ihrer Eigenart zu unterscheiden, tritt hier ähnlich hervor, wie sie geschichtlich ist bei allen Völkern in den Anfängen ihrer Entwicklung, wo alle ausgeprägten Geistes- und Willenskräfte

[1]) Hegel, Philosophie der Geschichte (Reclam), S. 52: Es könne von der Weltgeschichte gesagt werden, „daß sie die Darstellung des Geistes sei, wie er sich das Wissen dessen, was er an sich ist, erarbeitet".

noch in einem Gefühlschaos wogen. Und demselben Mangel unterliegt noch das ältere wissenschaftliche Denken, am meisten die griechische Philosophie, die die Tugend im Staatsleben aufgehen ließ und in Platon den konsequentesten Ausdruck fand, aber gerade dadurch am deutlichsten die Unmöglichkeit und innere Widerspruchsfülle einer Verquickung von Recht und Ethik bewies. Und wenn auch Aristoteles die Billigkeit als ein Recht selbst erklärt, so muß eben die Bestimmung ihres Wesens mitleiden an der dem Griechen eigentümlichen, unmöglich denkbaren Scheidung von Recht und Tugend, abgesehen von dem methodischen Fehler, der sich bei Platon und Aristoteles nicht weniger als bei Denkern unserer Zeit vorfindet.

I. Teil.

Zur Geschichte des Begriffs Billigkeit.

1. Sprachliches.

Die Billigkeit als einen Rechtsbegriff zu begründen, fordert eine grundsätzliche Erwägung der obersten Begriffe des Rechtes selbst, aber auch eine feste Besinnung auf die historisch gegebenen und geltenden Rechte, um ihr, und zwar in enger Anlehnung an ihre sprachlich ursprüngliche Bedeutung, einen wenn auch gegen früher beschränkteren, nun aber fest begrenzten Wirkungskreis zuzuweisen, der sonst entweder inhaltlich zu weit gefaßt war oder aber wegen der ihr beigelegten subjektiven Bestimmungen in unsicheren Grenzen zerfloß.

„Die Wörter sind die Geburtsscheine der Begriffe, die sie bezeichnen." Wer sich diesem schönen Ausspruch Brunners als Leitgedanken anvertraut, um die gewordenen Begriffe an ihrer Quelle in aller Ungetrübtheit schauen zu können, findet, daß die „Billigkeit" in ihrem Ursprung nicht jenes unbestimmte, in mitleidiger Rührung wurzelnde Gefühl bezeichnet, als das es als „Feind der Gerechtigkeit" erscheinen könnte. Es ist interessant zu sehen, daß die Wurzel „bil", wie sie sich heute noch in der Negation Unbilde als Unrecht im wahren Sinne des Wortes darstellt, auch positiv als gleichbedeutend mit Recht auftritt.

Manches hebt sich in fremder Umgebung seiner alten Eigenart getreu mehr ab, als in der Heimat, wo es mit dem übergleitenden Flusse des Zeitenwechsels mitströmt. Das offenbart sich auch deutlich in dieser deutschen Wurzel „bil", die, in der englischen Sprache als „the bill" rein erhalten, noch heute für das eingebrachte und angenommene Gesetz geläufig ist.

Bill bezeichnet in seinem Ursprung dasselbe wie Recht. Daß es zunächst nur diesen Sinn gehabt haben kann, geht aus der

Bedeutung seiner Wurzel hervor. Es ist das auseinander gespaltene, entschiedene, discretum, und bietet so einen eigenartigen Gegensatz zur Bedeutung von ius, das ja gerade das verbundene (iungere) ist.[1]) Aber diese Sprachbildung steht nicht vereinzelt da. Das römische Recht setzt aequum, wo wir Billigkeit anwenden. Das alte deutsche ewa, Gesetz, scheint nun auf aequum hinzudeuten,[2]) und selbst wenn man ewa mit einigen Forschern auf das lateinische aevum zurückführen will, so ist damit der Zusammenhang insofern nicht zerrissen, als aequum und aevum wohl etymologisch einer Wurzel angehören, wie es in der Synonymität des veralteten coaevus (von aevus = aevum) und aequalis hervortritt.[3])

So ergibt sich, daß Billigkeit und aequitas beide in ihren Wurzeln mit dem Rechte verbunden sind. Und aus dem Begriff des Rechtes selbst schöpfen nun andererseits Billigkeit und aequitas die Bedeutungen der Gleichheit, Gemäßheit, bis sich diese Wandlung darin vollendet, daß sie auf das Geziemende hinzielt und dadurch in diese Begriffe das Gefühlsmäßige, das heute mit ihnen gewöhnlich verknüpft wird, hineingetragen wird. Das Gleiche, das in der Mitte Gespaltene, ist auch das Gerechte. Die griechische Sprache zeigt diese Entwicklung recht anschaulich. Ἰσότης, die Gleichheit, führt zurück auf die ἴση,[4]) das Schicksal, die Bestimmung, das Gesetz, so daß sich hier wieder eine neue Parallele mit der deutschen Sprachbildung ziehen läßt, da êwa Lauf, das gotische aivs, einerseits auf evah (ayn) das Schicksal, Lauf, Gewohnheit und zugleich auf aequum, das Gleiche, zurückführt.

---

[1]) Jhering, Zweck im Recht, Bd. I, S. 257 Note 1 und 2.

[2]) Kluge, Etymologisches Wörterbuch, S. 106. Vgl. ferner Schmölder a. a. O., S. 33: „Vermutlich bedeutet der altdeutsche Ausdruck für das Recht, die êwa, nichts anderes als die Ebene, und es darf wohl vermutet werden, daß das aequum der Römer mit der êwa sprachverwandt ist." Vgl. auch S. 64: „Bilwisser".

[3]) Georges, lat. Wörterbuch; (Corp. gloss. IV, 30679). Die beiden gleichlautenden êwa Gesetz und êwa Zeit, Lauf, Sitte dürften kaum voneinander zu trennen sein; vgl. Noreen, Über germ. Lautlehre 1894, S. 179: aequum „was recht und billig ist"; ahd. ewa, ags. aew Gesetz.

[4]) Vgl. Dieffenbach, Wörterbuch der gotischen Sprache. S. 26. aivs Zeit und ewa Gesetz werden miteinander verknüpft. αἶσα = ἡ ἴση (S. 970 Vanicek, Griech.-lat. etym. Wörterbuch. 1877). αἴνυμαι Med. Schiedsrichter sein; Prellwitz, Etym. Wörterbuch der griechischen Sprache. 1905.

Allen Gefühlswertes entkleidet, stellt sich die Billigkeit als das Recht, das Gerechte dar, ihr Ursprung zeigt sie als Begriff, und nur als reiner Rechtsbegriff kann sie im Recht ihre Stelle finden. Denn das bedarf entschiedener Betonung. Sollte sich die Billigkeit nicht als ein objektiv bestimmbarer festumgrenzter Begriff, und zwar Rechtsbegriff, erweisen, so wäre ihre Stellung in der Rechtsordnung unverdient und von zweifelhaftem Werte für die sichere Anwendung der Gesetze. Als das „gesunde Rechtsgefühl" oder die „allgemeine Rechtsanschauung des Volkes" ist sie nur ein unbestimmbares Etwas, ist sie nicht mehr das spaltende, scheidende „bil". Aber zugleich muß ihre Wirksamkeit gegenüber dem Recht als der Rechtsnorm begrenzt werden. An dem schon sprachlich interessanten, bewußt oder unbewußt geschaffenen Gegensatz von bil (dem in der Mitte Scheidenden) und Recht (dem Verbindenden, überhaupt dem Fug) knüpft sich auch die Unterscheidung, die für die Termini von Recht und Billigkeit in dieser Abhandlung maßgebend sein mag: das Recht als „verbindendes Wollen", der bestimmende Rechtssatz; die Billigkeit aber ein Prinzip, das auf besondere Art im Entscheiden waltet, nicht als vorher feststehende Norm, sondern überall da, wo für eine Norm nur schwankende Merkmale gegeben sind und sie die unsicheren Formen in der rechten Mitte spaltet.[1])

2. Die ersten theoretischen Versuche.

Das Wesen der Billigkeit zu bestimmen, ist immer von den besten Köpfen in unmittelbarer Anlehnung an die Rechtsidee versucht worden. In den Systemen aller Philosophen hat sie ihre Stelle, in der Ethik des Aristoteles ebenso wie in der Tugendlehre Kants. Und ihre Begründung hat sie fast vorwiegend aus dem Begriff des Rechtes selbst erhalten. Hier ist aber der Punkt, an dem die rechtsphilosophische Erörterung der Billigkeit von den bisher gemachten Versuchen abzweigen muß. Aus der Fassung des Begriffes der Rechtsnorm analytisch den Begriff der Billigkeit heraus zu entwickeln, war nicht nur nötig, sondern geradezu eine notwendige Forderung. Die Frage der Billigkeit entstand mit der

---

[1]) Darauf wird später noch zurückzukommen sein.

eigentümlich philosophischen Gestaltung des Rechtsbegriffs: da das Recht nur als Inbegriff verallgemeinerter Sätze erschien, aber doch mit dem Anspruch auf absolute Gerechtigkeit auftrat, war es in seinem Wesen mit dem Mangel der Unzulänglichkeit im voraus behaftet und rief sich nun die Billigkeit zur Seite, seine Lücken auszufüllen.

In der griechischen Philosophie ist dieser Gedanke entstanden. Seine Wirkung übte er aber nicht allein im Altertum aus, sondern wußte noch lange sich Geltung zu verschaffen. Platons metaphysische Betrachtung der Naturgegenstände greift auf seine Rechtslehre über. Die Gesetze sind Nachbildungen des Wahren, die die Wissenden nach ihrem Vermögen aufzeichnen.[1]) Das Gesetz kann nicht das für alle Gerechteste genau umfassen. „Denn die Unähnlichkeit der Menschen und der Handlungen und daß (niemals) nichts sozusagen Ruhe hält in den menschlichen Dingen, gestattet nicht, daß irgendeine Kunst in irgend etwas für alle und zu aller Zeit gleichförmig sei." Das Gesetz ist starr und feindlich allem, selbst allem Besseren, was außer seiner Ordnung festgestellt ist „wie ein selbstgefälliger, ungelehriger Mensch."[2]) Und diese Ansicht, daß man nur „aus dem Groben Gesetze geben könne", hält auch Platons Schüler noch fest. Die Nikomachische Ethik und die Rhetorik (I, 13 und 15) bestimmen in gleicher Weise die Billigkeit nicht nur als die Ergänzung des gesetzlichen Rechtes, sie gehen weiter, indem sie sie zu ihm in Widerspruch, wenn auch nur einen formalen, setzen. Und man muß auch hier den Keim von naturrechtlichen Gedanken erkennen, wenn, in der Rhetorik am deutlichsten, von den sich gleichbleibenden Forderungen der Billigkeit gegenüber den Wandlungen des einzelnen gesprochen wird, daß sie ein reineres Recht sei. Es wird so aus einem Postulat die Billigkeit ein mit ewiggleichem Inhalt erfülltes ungeschriebenes Gesetz. Aber zunächst nur angedeutet ist diese Gedankenwendung des Aristoteles auf dem Wege nach der Erforschung der Billigkeit, abführend von dem Grundgedanken, der die ἐπιείκεια überall als ein inhaltlich unbestimmbares und formal methodisches Prinzip ansprechen möchte. Hier eben erhebt sich die Frage, woher es

[1]) Staatsmann S. 133 (Schleiermacher).

[2]) S. 323 a. a. O.

rühren mag, daß ein solcher Zwiespalt in die Denkrichtung des Philosophen kam, der die Billigkeit zuerst nur als regulatives Prinzip und dann wieder als einen *ἄγραφος νόμος* bezeichnete.

Unzweifelhaft liegt darin ein Widerspruch. Denn im ersten Fall ist die Billigkeit eine formale Methode, im zweiten Falle aber ein Codex, der der Natur nach, *φύσει*, neben den *θέσει* bestehenden Gesetzen gilt. Es sind die *ἄγραφοι νόμοι*, die aus ihrer rein ethischen Sphäre in das Gebiet des Rechtes rücken. Die Gerechtigkeit ist die höchste Tugend. So verschwistern sich Tugend und Recht. Der Grundfehler, der aller Ethik des Altertums zugrunde lag, tritt hier in greifbare Erscheinung. Das Recht, im Gesetze wirklich, wird ins bloße Bewußtsein hineinprojiziert. Da hat es eine reinere, makellosere Stätte; weil es ja in der Tugend wurzelt, und diese in der Gesinnung am wahrsten besteht. Drum ist alles Gesetz, das geschrieben, ein Notbehelf für die Ungerechten, für den Weisen besteht es, sofern er es weiß, und ist durch dieses Wissen der Bedingtheit zeitlicher Normen entrückt. Es ist Platons Lieblingsgedanke! „Das Beste ist's, wenn nicht die Gesetze Macht haben, sondern der mit Einsicht königliche Mann."[1]) Als hätte die Freirechtsschule in Platon ihren Vorausverkünder.

Also ein metaphysischer Gedanke ist's, der bei Platon die Billigkeit in das Gerechte an sich einmünden lassen muß.[2]) Alles Wirkliche ist Nachzeichnung der Ideen, nur Nachbildung des Wahren. So auch die Gesetze, die durch die Aufzeichnung in zeitlich-räumliche Gebundenheit treten. Wer darum weiß, was „von Natur" gerecht ist, bedarf nicht jenes unzulänglichen Mittels, das Recht zu finden. In unmittelbarer Anschauung entscheidet er. Wo aber Gesetze aufgeschrieben sind, da steht über ihnen, was die Natur selbst als allgemeingültige Norm aufgestellt hat, und aus ihrem unwandelbaren Schatze schöpft die Billigkeit, nachbessernd, wo das Gerechte an der Schwäche des erdgeborenen Gesetzes leiden muß.

Es ist auch hier, in dem Wesen des Gerechten, derselbe Zwiespalt in des Aristoteles Lehre, wie in seiner Bestimmung der

---

[1]) Staatsmann S. 323.

[2]) Platon definiert (Definitionen, Nr. 28): Billigkeit: der geringe Anschlag der Rechtsansprüche und des Vorteils; Maßhalten bei Verträgen; eine das Schöne und Häßliche in Anschlag bringende Wohlgerechtigkeit der Seele.

Billigkeit an sich. Bald erscheint's als ein fester Bestand inhaltlich bestimmter Normen, „die droben hangen unveräußerlich und unzerbrechlich wie die Sterne selbst", bald ist's nur eine Idee, nach kantischer Terminologie: ein regulatives Prinzip, das der formalen starren Gleichheit vor dem Gesetze das wirklich Gerechte gegenüberstellt. Das Gerechte ist Innehaltung des Gleichen,[1]) aber nicht in abstrakter Art, sondern in entsprechender Weise. „Vergeltung nach Proportion und nicht nach einfacher Gleichheit" ist der Sinn des Gerechten.[2])

Die Billigkeit nimmt teil an diesem Zwiespalt, sie ist ja von der Idee des Gerechten beseelt, oder selbst ihre Seele. Woran das Gerechte leidet, muß sie daher mitleiden. Das 3. und 7. Kapitel der Nik. Ethik geben unbezweifelbare Kunde von der entgegengesetzten Fassung, die das Gerechte teils als eine Idee erhält, teils als das, was mit dem immer geltenden, dem Belieben der Menschen entrückten Gesetz übereinstimmt. Allgemein gültig terminiert wäre die Billigkeit, bliebe es dabei, daß sie nur eine Idee sei, eine vorwärtsdrängende der Gerechtigkeit zugeordnete, selbst ohne Erfahrungsinhalt, aber ihn zu umschließen jederzeit fähig. Und eine solche Gestalt erhält ja zunächst die Gerechtigkeit, und ihre Wesensverwandtschaft mit der deutschen Billigkeit rückt um so näher, wenn sie als ein Mittleres bezeichnet wird[3]) und die gerechte Handlungsweise als die Mitte zwischen Unrecht tun und Unrecht leiden.[4]) Und daraus erklärt sich der Ausdruck für das Gerechte, er bedeutet die Zweiteilung (δίχα).[5])

Aber diese Einsicht weiß sich Aristoteles nicht beständig zu bewahren. „Von Natur gegeben ist das, was aller Orten die gleiche Bedeutung hat."[6]) Damit erstarrt die Idee zu festem Inhalt, der unabhängig von aller Erfahrung doch für alle Erkenntnis gelten soll. Und noch mehr: „Die Gerechtigkeit ist vollendete Sittlichkeit, weder Abend- noch Morgenstern so bewunderungswürdig wie sie."[7]) So vollzieht sich in allmählichem Übergange, indem das

---

[1]) Eth. S. 100. [2]) S. 103.
[3]) S. 100, 103. [4]) S. 107.
[5]) S. 103. Nach Hirzel (Themis, Dike und Verwandtes, 1907) schlägt der Richter mit dem Stabe zwischen den Partein mitten durch. Der Name kommt nach ihm nicht von Zweiteilung, sondern von δίκη = Schlag.
[6]) S. 110. [7]) S. 97.

Gerechte in verschiedenem Sinne gebraucht wird, ein beachtenswerter Prozeß. Das Prinzip, die Idee wird von einem, in Wahrheit nur empirisch möglichen, hier aber absoluten Inhalt erfüllt, der nicht bloß rechtliche Bestimmungen trägt, sondern letzten Endes in die Tugend mündet. „In der Gerechtigkeit ist jegliche Tugend enthalten, sie ist die am meisten vollkommene Form der Sittlichkeit.“[1])

Und nun verbinden sich Tugend und Staat, der Träger des Rechts. Es ist interessant zu sehen, wie von jeder Seite betrachtet, sich dem Griechen alles menschliche Wollen im Staate äußern muß. Der Einzelwille vollzieht sich im Staatswillen. Nur was der Staat will, kann dem einzelnen frommen. Recht und Moral sind eins, der Staat ihr Träger und der Wille ihrer Erscheinungen. Das Gesetz wird so zur Moral der Gesellschaft. Durch ihre Genossen regt sie sich wie mit unzählbaren Gliedern und in deren Glückseligkeit besteht die eigene. Darum ist Tugend Staatsgesetz. Der Grieche geht auf in der Gemeinschaft. In ihr ist er alles und nichts ohne sie. Uneingeschränkt spricht Platon von dem Sittlichen im umfassenden Sinne, „wie es im Staate sein soll“. Und wie ein erster, aber schon entschiedener Zweifel klingt es bei Aristoteles, wenn er sagt: „Denn ein sittlich wertvoller Mensch, und ein guter Bürger in irgendeinem Staate zu sein, ist doch entschieden nicht dasselbe.“ Und doch macht er nur insoweit innerhalb der Sittlichkeit selbst einen Unterschied, als er sie als solche nur auf den einzelnen gesondert bezieht, im Verhältnis zu anderen heißt sie Gerechtigkeit.

Und diese Durchdringung von Tugend und Recht ist auch entscheidend für das Problem der Billigkeit. Denn es wird so zurückgedrängt bis zu den letzten Fragen der Ethik und bis zur Philosophie des Staates selbst. Denn woher dieser seine Begründung erhält, daher nimmt auch sie allen Inhalt, von der Gerechtigkeit. Und wenn der mit Einsicht königliche Mann, das Person gewordene Gerechte, ihr Träger wird, so muß er zugleich der billige Richter sein. Vom Recht in seiner spezifischen Bestimmtheit selbst abgedrängt, zur Tugend hin, trägt die Gerechtigkeit die Billigkeit mit sich fort. Gewiß, nicht aus Gnade waltet sie, sie ist selbst ein Recht, aber wie alles Recht und das allem Wechsel ent-

[1]) S. 97.

hobene Recht in der Sittlichkeit wurzelnd, der Idee des Guten, — und das bedeutet nach des Aristoteles Denkrichtung die Glückseligkeit selbst.[1])

3. Die aequitas.

Die genaue Darstellung der griechischen Gedankenwelt in ihren Hauptvertretern ist ein breiter Untergrund für das Verständnis des Problems in der Folgezeit. Platon und Aristoteles sind die beiden Säulen, die sich auf diesem Boden in überragender Größe erheben, sie tragen das stolze Gewölbe aller Geistesarbeit der abendländischen Nachkommen. Aber der Weg durch die breiten tiefen Schichten dieses Gedankenkomplexes ist uns insoweit beschränkt, als wir nur einer einzelnen Ader folgen, der Billigkeit, die zwar überall andere Linien berührt und kreuzt, aber doch eine selbständige Spur aufweist.

Kein Volk zeigt mehr als das römische im abstrakten Denken die Beeinflussung durch die griechische Philosophie. Für die Römer hatte es nur Bedeutung, soweit es sich unmittelbar auf das Recht bezog. Die Erkenntnistheorie findet bei ihnen keine Stätte. Nirgends finden wir ein selbständiges eigenes Durchdenken des Stoffes. Selbst der Römer größter Theoretiker, Cicero, ist ein Nachverkünder griechischer Ideen. Darum erweckt auch alle Begründung, die die römischen Juristen ihren Entscheidungen geben, den Anschein, als wäre sie ihnen nur angefügt und nicht mit ihnen zusammengewachsen.

Was Ihering[2]) von der röm. Geschichte sagt, kann auf das römische Recht selbst übertragen werden: es ist angewandte Rechtsphilosophie. Das Denken der römischen Juristen erhob sich nie abgesondert über den erwogenen Gegenstand, sondern war ihm immanent und war das Blut, das ihm Leben gab. Das öffnet auch das Verständnis für die römische aequitas. Hier soll zunächst nur eine ganz allgemeine Betrachtung einsetzen, soweit sie Verständnis für die Geschichte des Begriffs vermittelt, während die besondere Behandlung dieses Gebietes in einen späteren Teil fällt.

Unzählige Stellen der Digesten berufen sich auf die aequitas, das aequum et bonum. Hier sollte der Grund für die gerechte

---

[1]) Die Bestimmung des höchsten Gutes erfolgt durch die im höchsten Grade zur Herrschaft berufene Wissenschaft. „Als solche aber stellt sich die Wissenschaft vom Staate dar." (S. 2.) — „So erweist sich denn offenbar die Glückseligkeit als abschließend und selbst genügend und darum als das Endziel menschlicher Tätigkeit." (S. 11.) Nik. Eth. I, 2 und 7.

[2]) Entwicklungsgeschichte des röm. Rechts 1894, S. 5.

Entscheidung des Urteilsspruches liegen. Aber eine Wesensbestimmung im einheitlichen Sinne erhält die Billigkeit nicht. Ihr Wirken wird veräußerlicht in einer Bezeichnung, die nichts weiter ist als ein starres Wort, viel zu ohnmächtig, um all den Reichtum richtiger Rechtsfindung ausdrücken zu können. Wovon man keine theoretische Einsicht hatte, was man aber in mustervoller Weise bewußt oder unbewußt ausübte, das verlegte man jedesmal in den Begriff der aequitas und kam so dazu, in ihr einen Gattungsbegriff, nämlich den bestimmt gearteter Rechtsnormen zu sehen, anstatt die Methode, die sie so meisterhaft verstanden.

Ein Einzelsatz der aequitas jedoch verlangt weiter nach einer Begründung in einer höchsten, unbedingten Einheit. Und hier bricht deutlich hervor die Beeinflussung, die den römischen Denkern von der griechischen Philosophie herkam.

Es ist ein Entwicklungsgang, der sich ziemlich rasch vollzieht. Die aequitas als ein inhaltlich bestimmter Bestand von Normen, der im offenbaren Gegensatz zum ius civile steht, wurzelt in der naturalis ratio. Auf ihr aber beruht auch der freiere Zug des ius gentium. Vor allem geschriebenen Gesetz gibt es ein natürliches Gesetz, das in der göttlichen Ordnung der Welt selbst seine Wurzeln hat.[1])

Mit der Frage nach dem ius naturale, dem *φύσει δίκαιον*, ist die Berührung mit der griechischen Philosophie erreicht. Was die Griechen sich aus theoretischem Bedürfnis als Denkaufgabe stellten, wird wegen der Fülle praktischer Ergebnisse des Rechtslebens bei den Römern zum gleichen Bedürfnis, und was jene vorhergedacht, schien die geschaffene Form zu sein, um dies Ergebnis auszudrücken. Die aequitas bedarf einer genauen Begründung. Sie ist „die wichtigste Prinzipienfrage des ciceronianischen Zeitalters".[2]) Cicero selbst ist ihr eifrigster Erforscher;

---

[1]) Grotius (de iure belli ac pacis I, 1, 14.): ius naturale, quod ipsum quoque gentium dici solet. Thomasius: societatis quaedam naturalia dicuntur, talis est societas gentium. (Institutiones iurisprudentiae divin. 1688) III, 1 § 4; societatis gentium ad societates naturales pertinent (ebenda) III, 1. § 33. Die Identifizierung von ius naturale und gentium liegt ganz in der Richtung der naturrechtlichen Schule.

[2]) Voigt, Die Lehre vom ius naturale, aequum et bonum und ius gentium der Römer, 4 (umfangreiche) Bände 1856—1875. Vgl. Bd. I, S. 220.

und er ist's, der die griechische Philosophie in die römische Rechtslehre hineintrug und den römischen Juristen vermittelte.

Und damit wiederholt sich bei den Römern, wo ihre verallgemeinernde Betrachtung einzelner Fälle einsetzt, dieselbe Erkenntnis, die die Griechen in theoretischer Erwägung gewannen. Die aequitas ist „das subjektive Korrelat" der lex naturae,[1]) die natura selbst aber endet in letzter Linie in der Moral. Aequum et bonum heißt die übliche Wendung, und ius est ars boni et aequi sagt Celsus. Die Verbindung der Billigkeit mit dem ius naturale vollzieht sich in rascher Entwicklung. Bei Cicero ist sie schon festzustellen. Es ist aus den Pflichten III, Kapitel 16 und 17 zu erschließen. „Ius Crassus urguebat, aequitatem Antonius." Es handelt sich um einen Prozeß, in dem der Käufer die Beseitigung einer Dienstbarkeit verlangte, von deren Bestehen er aber beim Vertragsabschlusse gewußt hatte oder wissen mußte, weil er Wiederkäufer war. Hier wird das Urteil auf die aequitas gegründet (Kapitel 16). Die Gegenüberstellung von ius und aequitas wiederholt sich aber, inhaltlich damit übereinstimmend, in anderer Form im 17. Kapitel, wo das Gebot der lex und des ius dem Naturgesetz gegenüber tritt (naturae lege sanctum est). Damit ergibt sich die Gleichsetzung von aequitas und lex naturae. Zugleich ist auch in dem Zwillingsausdruck aequum et bonum und in der letzten Hinleitung des ius zur honestas die Verknüpfung mit der Moral vollzogen.

In der Darstellung dieser Entwicklung zeigen sich bei Voigt die größten Widersprüche, die ihn bald zu einer künstlichen und wenig überzeugenden Operation mit der von ihm vorausgesetzten Wesensbestimmung der Billigkeit zwingen. Die Billigkeit wird einerseits dargestellt als durch nichts unterschieden vom Recht in rein inhaltlicher Beziehung, vielmehr erkennt Voigt „den wesentlichen Unterschied von Billigkeit und Recht in dem Verhältnis beider zu ihren Trägern: in dem subjektiven Charakter der ersten, dem objektiven Charakter des Rechts".[2]) Die Billigkeit erscheint als Ausfluß dessen, was man die rechtliche Überzeugung der Menschen nennt, und die aequitas somit als der Ausdruck der jeweiligen Rechtsüberzeugung der Nation.

[1]) Voigt I, S. 320. [2]) I, S. 15.

Eine solche Auffassung vom Wesen der Billigkeit aber ist unverwendbar für die Behandlung der römischen aequitas, die nach Voigts eigenem Ausdruck das subjektive Korrelat der lex naturae ist. Da aber das ius naturale potentielle Gemeingültigkeit für alle[1]) Staaten und Zeiten hat, kann die Billigkeit als innere jeweilige Rechtsüberzeugung einer bestimmten Nation also nie als jenes subjektive Korrelat auftreten, da sie als ein Bedingtes, Wandelbares nie mit dem Unbedingten zur dauernden Deckung gelangen kann. Da aber aequitas und ius naturale zweifellos recht früh in engen Zusammenhang treten, und das ius naturale als ungeschriebener, ewiger Gesetzesinhalt zu bestimmen ist, nach griechischem Vorbild, so ist Voigts Begriff der aequitas unhaltbar. Ja in seine Darstellung schleicht sich selbst eine solche Verwischung der scharf umrissenen Grenzen ein, daß die als objektiv bestimmte ratio naturalis in mehr subjektive Bestimmung hinübergerückt wird, wenn er sie als das „rechtliche Gewissen“ bezeichnet, ähnlich wie die Billigkeit bald als „frommer Wunsch“[2]) erscheint, und bald wieder als das Echo des lex naturae, und der subjektiven Billigkeit schließlich noch ein subjektives Korrelat in der bona fides ersteht. Die römischen Juristen jedenfalls haben einen Unterschied zwischen ius naturale und aequum nicht gemacht, die wiederkehrende Wendung „natura aequum est“ oder naturalis aequitas findet sich bei fast allen Schriftstellern, nicht bloß bei Paulus, der in D. I, 1, 11 den prinzipiellen Gedanken ausspricht: id quod semper aequum et bonum est, ius dicitur, ut est ius naturale (Paulus, D. 44, 4, 1, 1). Aus dem semper aequum et bonum ließe sich schließen, daß es auch eine wechselnde aequitas gebe, die in dem „Zeitgeiste“ wurzele.[3])

Voigt will hier einen Widerspruch der aequitas mit sich selbst sehen[4]) und aus D. 50, 17, 85, 2 erklären. Nur das absolute aequum et bonum sei auch ius naturale. Aber hier ergibt sich der zweifelloseste Widerspruch zu Voigts Voraussetzungen, da eine absolute aequitas nach seiner Begriffsbestimmung als unmöglich erscheinen müßte.

Das Wort natura aber läßt sich einheitlich nicht erklären.

---

[1]) I, S. 304. [2]) I, S. 16.

[3]) Eine mehr bequeme, als inhaltlich sichere Bestimmung. Voigt I, S. 348 ff. [4]) I, S. 367.

Bald erscheint's als der Begriff eines Rechtsinstituts, und aus dem Rechtssatz von Natur, wird die Natur des Rechtssatzes: natura servitutum (D. 8, 2, 32, 1); legati (D. 33, 8, 6, 1); actionis (D. 11, 7, 14, 13); obligationum (D. 46, 1, 5; 45, 2, 9, 1). Was aus einem Begriff als Merkmal analytisch entwickelt werden kann, ist seine Natur, und ein solcher Rechtssatz ein ius naturale. Dann aber hat die Bezeichnung natura den Sinn, den in der formalen Logik der Satz des Widerspruches hat (D. 41, 2, 35; 45, 1, 83, 5; 47, 2, 16). Und dann wieder erscheint sie als Gesetz der Moral: natura probrum est (D. 50, 16, 42). Und am häufigsten in dem Sinne, in dem sie auch in des Grotius Philosophie auftritt, als der Inbegriff von Gesetzen, die die menschliche Vernunft aus sich selbst abzuleiten befähigt ist.

Aber nur die Beziehung zur griechischen Philosophie hat Schuld an der letzten Wendung, die s c h e i n b a r die römische Rechtswissenschaft nahm. In Anlehnung an griechische Doktrinen (D. 27, 1, 13, 7) wird das, was den Römern doch ursprünglich nur als Erweiterung des eigenen, heimischen Rechts bewußt war, zum Recht, das für alle gilt, und deshalb erscheint auch gerade im letzten Sinne das ius naturale als ius gentium, eigentlich das ius mundi. Die abstrakte Fremdheit dem Positiven gegenüber fehlte den römischen Juristen. Aber da die griechische Philosophie die einzige Grundlage für eine gedankliche Betrachtung des Lebens, und vor allem des Rechtslebens bot, nahmen sie die ihnen fremden Begriffe auf und prägten sie um für Inhalte, die sie nicht auszufüllen imstande waren.

In Wirklichkeit sind das ius naturale und die ihm verbundene aequitas negative Bezeichnungen. Sie sind berufen all das zu umfassen, was über den engen Rahmen des zivilen Rechtes hinausging und in sich das Merkmal der Idee des Rechtes trug. Aber während die aequitas eine viel engere Bedeutung hat, als Voigt sie ihr zuweist, weil die Rechtsanschauungen eines noch dazu problematischen Volksgeistes, solange sie ungeschrieben sind, inhaltlich doch kaum vom Recht selbst sich unterscheiden und alles Recht, das noch nicht formal objektiven Charakter trägt, Billigkeit sein müßte,[1])

[1]) Voigt I, S. 16; insofern ist die aequitas Q u e l l e, was freilich K r ü g e r, Geschichte der Quellen und Literatur des römischen Rechts, 2. Aufl. 1912, S. 138 ablehnt.

sind das ius naturale und ius gentium viel eher geeignet, die Stelle einzunehmen, die Voigt der aequitas zuweist; das ius gentium als subjektives Korrelat des ius naturale gibt einen verständlichen Sinn. Alle Neubildungen des Rechts, soweit sie das Ergebnis der Bedürfnisse sind, werden in den aus fremder Sphäre übernommenen Begriff des ius naturale (*φύσει δίκαιον*) hineingewiesen und das Recht, das tatsächlich allen Völkern gemeinsam ist und als allgemeines Recht objektiv besteht, wird zu der einheitlich gemeinsamen Quelle des ius naturale, als gemeinem Recht, hingeleitet.

Das ius naturale ist in potentia ein ius gentium.[1]) Wenn man Voigts Begriff des ius gentium akzeptiert, daß es hervorgegangen sei aus der Einteilung des Rechts je nach der Herrschaft über das Subjekt, so wird auch die Gleichsetzung von ius naturale und gentium mit Recht als „zufälliges Zusammentreffen" anzusehen sein.[2]) Nach Voigt wird der ursprünglich verschiedene Umfang von ius naturale und gentium ausgeglichen aus dem Bedürfnis, „dem ius naturale einen möglichst praktischen und realen Boden zu verschaffen".[2]) So tritt zu der Einheit von ius aequum und naturale hinzu die Verschmelzung beider mit dem ius gentium. Als Ergebnis aber stellt sich dar, daß es Voigt nicht gelingt, einen einheitlichen Begriff der aequitas zu konstruieren. Die fünf Prinzipien, die er aufstellt, sind Verallgemeinerungen, Hauptgrundzüge, die ohne Anspruch auf erschöpfende Wiedergabe auftreten. Aber die aequitas als subjektives Rechtspostulat wird in diesem Sinne oft von ihm selbst aufgegeben, indem ihre Identifizierung mit dem ius naturale ihr ein absolutes Gepräge gibt. „Die römische Jurisprudenz hat das absolute Element, das in der am Relativen haftenden Tendenz des Volkes verborgen lag, aufgefunden."[3]) „Es gelang ihnen, der einigen und absoluten Rechtswahrheit sich anzunähern."[4]) In diesen Worten liegt geradezu ein Hinlenken aufs Naturrecht.

Die aequitas zum Lückenbüßer[5]) zu machen, weil sie in Anwendung des Prinzips der Berücksichtigung des besonderen Falles auftritt, ist nur eine etwas versteckte Form, sie als etwas nicht Positives hinzustellen. Denn entweder fällt der Einzelfall nicht

---

[1]) Voigt I, S. 304.
[2]) Voigt I, S. 315.
[3]) Voigt I, S. 471.
[4]) I, S. 476.
[5]) I, S. 398.

unter die Norm, dann ist eine rechtliche Beurteilung nicht möglich, oder es wird durch ein Zurückgehen auf ein lückenverhinderndes, immer sich gleichbleibendes, unwandelbares Recht ein ius naturale im Sinne der griechischen ἄγραφοι νόμοι gefordert. Und beides hat bereits gegenüber der kritischen Betrachtung nicht standhalten können.

Aber eine konstante Einheit in dem Begriff der römischen aequitas zu finden, ist nicht möglich, weil das Wort selbst mehrere Bedeutungen hat und außerdem in Verbindung mit anderen Begriffen hinzugewinnt. Aber gegenüber Voigt soll die Billigkeit doch einen Inhalt gewinnen, der ein einziges, wenn auch nicht ausnahmsloses Merkmal aufweist und nicht in viele Prinzipien auseinandersplittert.

4. Das Naturrecht.

Recht und Billigkeit erschienen von Anfang an als aufeinander eingestellte Größen und blieben es. Die Epoche des ausgebildeten Naturrechts, das „eine weltgeschichtliche Großmacht" [1]) auf das Recht und seine Entwicklung von außergewöhnlichem Einfluß gewesen ist, muß auch auf den dem Recht gesellten Begriff der Billigkeit hinüberwirken.

Das Naturrecht der Römer ist nicht das Ergebnis tiefgründigen Suchens nach dem Wesen des Rechts. Als übernommener Begriff blieb es für sie ein „äußerlicher Schmuck". [2]) Das Mittelalter mit seinem vorherrschenden philosophischen Dualismus [3]) hat auch das Recht in Ewiges und Irdisches auseinanderklaffen lassen. Freilich drängt überall die unüberwindliche Zweiheit nach Aussöhnung. Und diese wird ihr dadurch, daß das Ewige sich zum Irdischen herabneigt und es in sich aufnimmt. Die Theorie der Korrektur des menschengeschaffenen Rechts durch ein gottentstammendes liegt in dem Gedanken des Naturrechts von vornherein enthalten. Und wenn es zunächst nur als rezeptionsfördernde Kraft auftritt, [4]) angeblich die allgemeine Vernunft ver-

---

1) Gierke, Naturrecht und deutsches Recht, 1883, S. 14.

2) Gierke S. 17.

3) Gierke S. 18. Bäumker, Die europäische Philosophie des Mittelalters, Die Kultur der Gegenwart, I. Abt. V, S. 317.

4) Gierke S. 16, 20 f.

kündend, in Wahrheit aus irdischen Quellen sammelnd, so wird es schließlich selbst als Methode das Recht zu korrigieren rezipiert:[1]) „Es wurde wohl auch als das dem alten, strengen Recht (ius strictum) opponierende, moderne, billige Recht (ius aequum) empfunden".[2])

Daher sagt auch Oldendorp: „Billigkeit ist Richten der natürlichen Vernunft, wodurch weltliche Gesetze gelindert und zum ordentlichen Leben gestellt werden".[3])

So ist der Zusammenhang mit der Billigkeit hergestellt. Welche Gestaltung auch das Naturrecht im Denken der Zeiten angenommen haben mag, es hat als ein Idealrecht hinter dem positiven gestanden und geholfen, seine Mängel zu heilen; ob es nun in seinem Bestehen als rein abstrakt gedeutet wird, wie bei Augustinus:

> „Naturrecht ist das göttliche Gesetz, das überall in Zeit und Raum unverändert bleibt",[4])

oder ob es als die Ausstrahlung des göttlichen Gesetzes in die Vernunftwesen gelehrt wird, wie bei Thomas:

> „Lex naturalis nihil aliud est quam participatio legis aeternae in rationali creatura".[5])

Solange die Herrschaft des Naturrechts währte, zeigt sich im allgemeinen dieselbe Gedankenrichtung, die schon die aristotelische Philosophie ausgebildet hat, nur daß die *ἄγραφοι νόμοι* mehr und mehr als fester Bestand erscheinen. Es fehlt allerdings nicht an Hinweisen, z. B. in der Philosophie des Duns Skotus, daß das Naturrecht als Prinzip aufzufassen sei, mit der Bedeutung, „rein formal und abstrakt vernünftig zu bestimmen, also von jeder inhaltlich positiven Forderung auch des göttlichen Gesetzes zu unterscheiden sei".[6])

---

[1]) Gierke S. 21. [2]) Gierke S. 20.

[3]) Schrift über Billigkeit und Recht, Zeitschr. d. Sav.-Stift., rom. Abt. Bd. XIV, S. 104.

[4]) Bekenntnisse, Kap. 7.

[5]) Thomas de aquino, Opera omnia vol. VII, Summa theol. II, 1, 91, 2 Nr. 3.

[6]) Seeberg, Theologie des Duns Skotus, 1900, Studien zur Gesch. der Theologie und der Kirche, Bd. V, S. 485 f. Nach Duns Skotus steht das Naturrecht dem positiven, göttlichen und menschlichen Recht gegenüber. Seeberg S. 486 ff., Bäumker S. 363.

Aber im wesentlichen bleibt der Satz von der Verbesserungsbedürftigkeit des positiven Rechts erhalten. Nur je nach dem Charakter der Weltanschauungen sind es auch verschiedene Mächte, die das strikte Recht zu mäßigen berufen sind. Sie sind aber nicht bloß Hilfskräfte. Sie brechen das positive Recht, wenn dessen Satzung der ihren widerspricht. Diese Kraft des höheren Gesetzes, das niedere zu verbieten, strömt aus seiner Reinheit, aus seinem von Menschenwollen unberührtem Gehalt. Seine Gültigkeit liegt ja in ihm allein. Daher macht es keinen Unterschied, ob die Vernunft oder das Sittengesetz oder das gerade in religiöser Offenbarung empfangene Sittengesetz jene Kraft ist. Das Recht, ein notwendiges Übel, bleibt so ständig auf die Moral angewiesen. Und soweit Recht und Moral streng auseinander gehalten werden, begegnen sie sich wenigstens dann wieder, wenn es sich um die Korrektur des Rechts durch die Billigkeit handelt.

Das ist z. B. bei Grotius zu beachten, bei dem das Naturrecht die erste systematische Bearbeitung erfuhr. Er hat eine besondere Abhandlung, De aequitate, geschrieben, deren Grundgedanke all das enthält, was schon bei Aristoteles ausgesprochen ist. Die griechische Philosophie ist gleichsam das Schema, nach dem fast alle folgenden Versuche typisch mit nur geringen individuellen Abweichungen gebildet sind. Es ist ein zu bestechender Gedanke, den von Natur aus unzulänglichen Rechtssätzen die Billigkeit an die Seite oder auch überzuordnen. Aber was bei Platon den metaphysischen Grund in dem ewigen Gegensatz zwischen Gedanken- und Körperwelt hatte, wird hier auf eine rein logische Grundlage hinübergeleitet durch die Erkenntnis, daß ein allgemeiner Satz den Besonderheiten keine Rücksicht leiht. Damit ist auch der Standpunkt des Grotius erschöpfend bezeichnet. Die Billigkeit ist correctrix ejus in quo lex propter universalitatem deficit. Sie ist eine virtus (§ 3), die den ungleichen Dingen ihre Gleichheit gewährt, aber keine Tugend des Intellekts, sondern des Willens, eine aequiprudentia, analog der iurisprudentia (§ 3). Die Übereinstimmung mit dem griechischen Gedankengange, die sich schon im Hinweis auf die ἐπιείκεια verrät, wird in der Beweisführung zweifellos. Regulae finitae, — materia infinita ist auch bei Grotius der Ausgang. Und die Lösung erfolgt nach den obersten Naturprinzipien selbst, zu denen man durch das gesetzte Recht hindurch zurückweicht, ut ita ex infinito suppleretur, quod finito deerat. Nach den Naturprinzipien, nicht den bereits geformten Naturgesetzen. Denn selbst die Gottesgebote stehen unter der Korrektur der aequitas, weil der Mangel nicht immer ex defectu auctoris, sondern ex defectu materiae stammt. So wird wieder die Grenze zwischen Recht und Moral, die bei Grotius sonst sicherer gezogen ist, verwischt durch die auf beide aus gleicher Quelle einwirkende aequitas. Sie äußert sich auf zwei Weisen. Sie verbessert einzelne conceptus im Rahmen des Rechtssatzes oder die Norm im ganzen, legem ipsam, und zwar aus der höchsten Quelle des Rechts (§ 9).

Jeden Gefühlswertes aber wird die aequitas für ledig erklärt (§ 10). Aber nur der defectus propter universalitatem, das Unrecht der Verallgemeinerung, ruft das Recht der Billigkeit zur Ausgleichung herbei, der Widerstreit eines gegebenen Gesetzes mit dem Naturgesetz begründet nicht ihre Wirksamkeit; der wird auf andere Weise gelöst. Ebensowenig die dunkele, unverständliche Fassung einer Bestimmung, wo die Interpretation für die Aufklärung sorgt. Aber die Abgrenzung der Billigkeit gegenüber der Interpretation bei Grotius ist nicht bestimmt erfolgt, da sie zum Hilfsmittel des billig Richtenden wird und so selbst zur Billigkeit näher rückt. „Aequi esse hominis non legem, sed legislatorem respicere" (I. § 13). Der wesentliche Charakterzug der aequitas schließlich hebt sich hervor gegenüber der indulgentia oder dispensatio, die die verpflichtende Kraft des Gesetzes ganz aufhebt, während die Billigkeit nur in einem bestimmten Falle die Verbindlichkeit des Gesetzes für unwirksam erklärt.[1])

Zu denen, die der Billigkeit eine besondere Darstellung gewidmet haben und für die Geschichte ihres Begriffes in Betracht kommen, gehört auch Leibniz. Man findet bei ihm besonders das griechische Vorbild wieder belebt, und es tritt zurück der Gedanke des durch Grotius zum System bearbeiteten Naturrechts. Die aequitas ist bei Leibniz durch ihre besondere Stellung ausgezeichnet. Schon daß sie rein äußerlich die Mitte einnimmt zwischen der Gerechtigkeit und Frömmigkeit, macht sie interessant. Aber es ist wohl nur ein theoretisches Spielen mit Begriffen, das ihr diese

[1]) De aequ. § 12, de indulgentia § 4. De iure belli ac pacis III, 20, 47. Seneca, de beneficiis lib. III, 6, 7.

Stellung anweist. Sie deutet aus dem negativ bestimmten, formellen Rechtsprinzip neminem laedere hinaus auf ein cunctis prodesse. Ihre Wurzeln hat sie in der Moral, sie wird als caritas bezeichnet und stützt Obligationen, ex quibus actio non datur veluti ad gratitudinem. Die aequitas stützt sich aber nicht auf einen Bestand festgelegter Normen, sondern tritt auch — hier ist die Ähnlichkeit mit der aristotelischen Lehre besonders ersichtlich — als Prinzip, als die iustitia distributiva auf. Als solche stellt sie die Forderung auf, jedem das Seine nach Verdienst zu erteilen, quando omnibus aeque[1]) favere non licet. So bekundet sich eine Steigerung der verschiedenen Prinzipien. Auf der untersten Stufe werden keine Unterschiede gemacht, da herrscht abstrakte Gleichheit. Auf der höheren Stufe werden die Verdienste gewogen. Die iustitia im weitesten Sinne wächst an zur sanctitas, und dann umfaßt sie nicht bloß das strenge Recht, sondern auch die Billigkeit und das Mitleid. Also auch bei Leibniz ist keine feste Begrenzung des Begriffes vorhanden. Der Grund liegt schon äußerlich darin, daß aequum für das Billige und für die abstrakte Gleichheit als Bezeichnung verwandt wird, vor allem aber darin, daß sie eine recht schwankende Mittelstellung erhält, Vermittlerstellung, indem sie aus der Moral schöpft und für das Recht wirken soll.[2])

Im 18. Jahrhundert hat das Naturrecht nach Vollendung seines inneren Ausbaues in der Theorie des Rechts den Sieg davon getragen.[3]) Die Systeme des Rechts schmücken sich mit seinem Namen. Nie fehlt der besondere Hinweis auf die Billigkeit. Denn ein Naturrechtssatz selbst kann infolge seines verallgemeinernden Charakters an dem Mangel leiden, den er am positiven Recht selbst heilen soll. Die Billigkeit ist also ein neben dem Recht noch besonders notwendiges Prinzip. Darüber äußern sich nun die Forscher verschieden.

Nach Hufeland[4]) erzeugt die Gerechtigkeit die Pflicht, die vollkommenen Rechte anderer nicht zu verkürzen, die Pflicht

---

[1]) aequum bedeutet in diesem Satz einmal die abstrakte Gleichheit und zugleich die Billigkeit.

[2]) Leibniz, opera philosophica omnia ed. Erdmann 1840: De notionibus iuris et iustitiae S. 119. Causa dei S. 656, Nr. 50.

[3]) Gierke S. 22.

[4]) Lehrsätze des Naturrechts, 1795, § 97.

aber, den unvollkommenen „gemäß zu handeln und seine eigenen vollkommenen Rechte freiwillig durch jene zu beschränken, heißt die Billigkeit". Es ist damit in etwas verklausulierter Fassung die Billigkeit als ein Moralprinzip ausgesprochen. Es ist also ein sich gleichbleibendes Bild bei den Griechen, bei den Römern, selbst bei den Neuern. Die Billigkeit ist eine Form des Rechts, aber inhaltlich bestimmt durch Gebote höherer Form, der Naturprinzipien oder der Moral. Dem Naturgesetz wird die Stellung, Lücken auszufüllen, überall da angewiesen, wo Moral und Recht geschieden werden, der Moral, wo diese Stellung noch nicht gelang.

Nach Hugo[1]) ist die Billigkeit eng verbunden mit der Frage nach der „Weitläuftigkeit", d. h. Allgemeinheit der Rechtssätze, und die Veränderung der Umstände sollte auch auf die Normen einwirken. Hier ist wieder die Billigkeit in der üblichen Bedeutung erörtert, indem sie auf die Übereinstimmung der Anforderungen des Lebens mit denen des Gesetzes bezogen wird. Bei v. Gros[2]) dagegen ist die Billigkeit von vornherein ein Gegensatz zum Recht, denn sie ist (ähnlich wie bei Hufeland) die Beschränkung eigener Rechte durch unvollkommene, d. h. moralische Pflichten. Sie ist ferner (wie bei Hugo) die ausgleichende Macht, die durch die Allgemeinheit gültiger Rechtsregeln zur Wirksamkeit berufen wird.

5. Die Philosophie seit Kant.

Mit Kant[3]) tritt eine tiefgreifende Änderung ein. Die transzendentale Methode auf dem Gebiete der Naturwissenschaften wird auch in der Ethik (im umfassenden Sinne) zu begründen gesucht. Noch bleibt das Wort Naturrecht erhalten, aber sein Sinn hat sich gewandelt. Es wird zur Bezeichnung für die Lehrart, die die apriorischen Bedingungen für alle möglichen gegenständlichen Rechtsinhalte aufsucht, d. h. es bedeutet die Transzendentalphilosophie des Rechts.

Einem Naturrecht im alten Sinne ist nun für immer der Boden entzogen. Die Billigkeit kann sich nicht mehr dorthin zurückziehen. Sie ist ein Recht und doch davon verschieden.

Recht ist Befugnis zu zwingen. Der Zwang wird formal-

---

[1]) Lehrbuch des Naturrechts, 1819, § 146.

[2]) Lehrbuch des Naturrechts, 1829, § 38 und § 54, Anm.

[3]) Metaphysische Anfangsgründe der Rechtslehre, 1797.

logisch nach dem Satz des Widerspruchs hergeleitet. Der Widerstand gegen das Hindernis einer Wirkung ist deren Beförderung. Der Zwang als Verhinderung eines Unrechts, d. h. einer Beeinträchtigung des Rechtes oder der Freiheit stimmt mit der Freiheit überein (§ D). Aber die Billigkeit ist ein Recht ohne Zwang. Es ist ein unüberwindbarer Widerspruch, daß einmal das Recht mit der Befugnis zu zwingen eng verbunden wird und dann wieder als ohne Zwang möglich gedacht werden soll. Der Zwang ist durchaus empirischen Ursprungs. Er läßt sich nicht aus dem Begriff des Rechtes entwickeln, er beruht auf dem tatsächlichen Grunde einer staatlichen Gewalt, die die Macht der Rechtsverwirklichung besitzt. Das Recht ist wohl erzwingbar, aber nicht gleichbedeutend der Befugnis zu zwingen.

Die Billigkeit nun nimmt bei Kant eine recht unsichere Stellung ein. Sie soll ein Recht sein, aber ihre Durchführung scheint unmöglich. Sie fußt nicht auf ethischer Pflicht, etwa als „Aufforderung an das Wohlwollen" anderer. Sie bleibt ein Recht. Aber die Forderung der Billigkeit bleibt ohnmächtig. Nach striktem Recht bieten sich dem Richter keine Angaben, nach denen er entscheiden könnte. „Eine stumme Gottheit, die nicht gehört werden kann." Aber da Kant die Billigkeit im Rechte, dessen wesentliches Merkmal, der Zwang, bei ihr versagt, in ihrem Begriffe kennt, zu ihrer Verwirklichung aber keine Möglichkeit sieht, wegen seiner peinlichen Besorgnis, ob der Richter nach unbestimmten Bedingungen Recht sprechen dürfe, so muß sie doch schließlich auf die Moral überwiesen werden. So zeigt sich ein leichter Anflug von der Moral her, weil Kant keinen Ausweg sieht, die Billigkeit an wirksamer Stelle — im Recht — anzuweisen. Dem Übel: summum ius summa iniuria, dem Sinnspruch der Billigkeit, ist nicht rechtlich abzuhelfen, da sie vor das — Gewissensgericht gehört. Und sie hat diesen Platz im Recht im weiteren Sinne (ius latum); aber gerade die latitudo, ein gewisser Raum für Ausnahmen, ist ein Wesenszug der Tugend.[1]) Trotzdem verwahrt sich Kant ausdrücklich davor, „ins Gebiet der Ethik einzugreifen". Die Billigkeit vermag also Kant nicht widerspruchslos zu bestimmen, er muß sie in Epikurs intermundia verweisen und aus Gründen, die sich

[1]) Einleitung § E und Anhang.

darauf stützen, daß er das positive Recht (formal genommen) als die Befugnis zu zwingen ansieht, als das strikte, dem Buchstaben angepaßte Recht.

Auch in der Folgezeit wird das Wesen der Billigkeit in der Lehre vom Recht stets erörtert.

Bei Hegel[1]) hat die Billigkeit im Recht selbst keine Stätte. Sie ist ein Abbruch des formellen Rechts, der sich auf „moralische oder andere Rücksichten" gründet. Damit ist der Billigkeit eine objektive Grundlage entzogen, und sie rückt in eine noch unsicherere Stellung bei Schopenhauer, der sie als „Feind der Gerechtigkeit"[2]) in Verruf erklärt, etwa als eine Sentimentalität der Deutschen dem herben Gerechtigkeitssinn der Engländer gegenüberstellt. Aber es ist dieser Bemerkung Schopenhauers gegenüber eine seltsame Ironie der Tatsachen, daß gerade England einen besonderen Billigkeitsgerichtshof gebildet hat und bilden mußte, der tätig wirkt, den Zweifeln Kants an dieser Möglichkeit zum Trotz.

Die hohe Stellung, die die Billigkeit bei Herbart[3]) gewinnt, indem sie als eine herrschende Idee in seiner Ideenlehre auftritt, erfordert Beachtung. Sie ist gleichbedeutend der Idee der gebührenden Vergeltung. Er betont ausdrücklich, daß sie fähig sei der festen Bestimmung, und daß man sie unbestimmt gedacht hat, „weil manches billig ist, was rechtlich nicht kann gefordert werden". Als eine Aufrechnung der Umstände erscheint sie verwandt mit der Bedeutung, die sie bei Nietzsche als feinere Rücksicht des Gleichgewichts gewinnt. „Ein Positives, das mißfällt, treibt zu dem Begriff des ihm gleichen Negativen, mit welchem zusammen es Null machen würde." Der Ursprung der Idee der Billigkeit aber wurzelt im Geschmacksurteil. Wie die Idee des Rechts auf das Urteil sich gründet: Der Streit mißfällt und die Regeln hergibt, dem Streite vorzubeugen, so ruft bei der Billigkeit das Urteil: Die Tat als Störerin, die unvergoltene Tat mißfällt. Wenn absichtslos mehrere Willen zusammentreffen, die sich hemmen in der Verfügung über ein Besseres, so ist die Möglichkeit für die Ent-

[1]) Grundlinien der Philosophie des Rechts, 1821, § 223 (Philos. Bibliothek Bd. 124, 1911, S. 179).

[2]) Welt als Wille Bd. I, § 62.

[3]) Die Idee der Billigkeit, Werke (Kehrbach), Bd. 2, S. 365.

stehung von Rechtsverhältnissen gegeben, wo aber durch das gemeinschaftliche Medium ein Wille hindurchdringt, ist der andere als Leidender schon mit ihm verbunden.[1]) „Ein Positives, das mißfällt." Der Begriff der Billigkeit erhält damit eine ungemessene Ausdehnung, indem er überhaupt als „Zurückweisung der Tat als solcher (gleich ob gut oder schlecht) zu dem Täter" auftritt, als ausgleichende Gerechtigkeit.

Bei Nietzsche[2]) ist die Billigkeit in nähere Beziehung zur Gerechtigkeit gerückt und darum von feinerer Struktur als das positive Recht. Die Gerechtigkeit wirkt in unmittelbarer Anschauung und trägt dem einzelnen Rechnung. Das Recht aber, das auf Verträgen zwischen Gleichen beruht, kann nur so lange bestehen, als die Macht der Vertragschließenden gleich ist. Der nutzlosen Kräftevergeudung ähnlicher Gewalten soll das Recht ein Ende bereiten. Es ist also ein Gebot der Klugheit und hat seinen Zwang eigentlich erschlichen. Denn der ist nur eine Verewigung eines Einzelabkommens, das die Alten geschlossen und das zu erneuern sie zu träge waren. Über diese Konvention erhebt sich die Billigkeit. Sie ist „eine feinere Rücksicht des Gleichgewichts", die die Gerechtigkeit fortbildet mit Rücksicht auf die „Gemeindegleichheit" und auf alle Fälle, wo das Gesetz nichts vorschreibt, übertragen wird, die vor- und rückwärts blickt und deren Maxime ist „wie du mir, so ich dir". Damit ist die Billigkeit wieder zum Lückenbüßer erklärt.

6. Billigkeitsgefühl.

Auch durch religiöse Tendenzen im Recht ist die ihm sich anlehnende Billigkeit in ihrer Artung bestimmt worden. Zugleich aber neigt der Begriff in seiner Geschichte nunmehr dazu, die Bedeutung anzunehmen, die ihm die volkstümliche Anwendung verlieh. Man spricht immer mehr vom Billigkeitsgefühl.

Stahl hat vor allem eine theologisierende Note ins Recht hineingetragen, und schließlich das letzte Richtmaß für die Billigkeit im Gefühl wurzeln lassen.[3]) Er erkennt zunächst in der Billigkeit (in Anlehnung an die römische aequitas) die Tendenz

[1]) „Verbindendes Wollen" (Stammler).

[2]) Der Wanderer und sein Schatten, Nr. 32.

[3]) Die Philosophie des Rechts, II, 1, 1845; § 44, S. 220ff.

„die Gleichheit des Vorteils und Nachteils unter den Beteiligten herzustellen", abgesehen von allem vorher erteilten Gesetz. Aber er erweitert beträchtlich ihren Umkreis, indem er sie die Rücksichten üben läßt, „die in der Gerechtigkeit begründet und nur in dem positiven Recht nach seiner Mangelhaftigkeit nicht bedacht sind". Wo also der Richter auf Billigkeit angewiesen ist, fehlt, weil nur die Besonderheit des Falles ihre Wirksamkeit herausfordert, „jede objektive, die nationale Überzeugung ausdrückende" Norm der Entscheidung, und das Urteil wird auf persönliches Gutdünken des Richters gestellt.

Hier schließt sich am besten eine Kritik der Meinung Kuhlenbecks an.[1]) Zunächst läßt er nur moralische Tendenzen in das Recht einwirken. Die Deutung von D. 1, 1, 11 vom ius naturale als sittlicher Forderung und zugleich als Billigkeit[2]) beweist es. Die Vertiefung des Begriffs Naturrecht, das abbiegt vom alten Naturrecht des Grotius und das Recht auf seinen übernatürlichen Ursprung zurückführt — ein natürliches und zugleich übernatürliches Recht! — zu befördern, führt hier bereits über ethische Formen hinaus zu religiösen hin, wenn auch das von Kuhlenbeck gemeinte Naturrecht nicht abstrakt, sondern an scholastische Lehren angelehnt, als aktuelle Erzeugungsfähigkeit auftritt.[3])

Es ist aber bei Kuhlenbeck ein festbegrenzter Begriff der Billigkeit nicht zu finden. Er spricht z. B. vom Gerechtigkeits- und Billigkeitsgefühl.[4]) Außerdem aber spielen in seine Darstellung religiöse Vorstellungen hinein, so daß nach erfolgreicher Trennung von Recht und Moral nun noch die Trennung von Recht und Religion nötig wäre.[5]) Nur dem höchsten Wesen sei ein vollkommen gerechtes Urteil möglich, — und dieses höchste Wesen ist bei Kuhlenbeck nicht ideales Postulat, sondern wirklich, wenn auch im übersinnlichen Sein, — darum läßt es die irdische Existenz der Gesetze erträglicher erscheinen, „ihrem unpersönlichen Fatalismus" Opfer zu bringen, als der subjektiv beschränkten Willkür eines Richters. Aus der Einsicht in diese Unzulänglichkeit des Gesetzes erstehe die Forderung der Selbstkorrektur des Rechtes, d. h. der Billigkeit.

[1]) Entwicklungsgeschichte des römischen Rechts Bd. I, 1910.
[2]) S. 9. [3]) S. 7. [4]) S. 317.
[5]) Vgl. S. 149 Anm. 1; vgl. ferner Eberhard, Recht und Religion, Zeitschr. Recht und Wirtschaft, 1913, S. 263ff., bes. S. 265.

Eine Mischung der rein gefühls- und erkenntnismäßigen Erfahrung der Billigkeit vollzieht sich in der Darstellung Lassons.[1]) Sie ist die Rücksicht auf das materiell Gerechte; der Trieb zu ihm. Sie hat drei verschiedene Funktionen, zuerst als Umbildung des gesamten Systems, als Einfügung von einzelnen Bestimmungen zur kasuistischen Berücksichtigung des Besonderen, sodann, und schließlich als Durchbrechung der Rechtsform als solcher.[2]) Diese Unterscheidung der Billigkeit nach drei verschiedenen Seiten ist wohl nicht disjunktiv gemeint. Die letzten beiden Gestaltungen sind die Einzelerscheinungen der ersten, der Umbildung des ganzen Systems, die durch die Einzelwirkungen jener schließlich zum Gesamtergebnis einer erweiterten Anschauung führt. Es ergibt sich in Lassons Stellung derselbe Gedanke, der von Aristoteles, Platon, Grotius schon gedacht ist. Die Billigkeit ist eine Korrektur des positiven Rechts, aus dessen Natur als unentbehrliches Bedürfnis folgend.

Aber sie beruht nach Lasson nicht auf objektiven und sicheren Bestimmungen, „sondern auf subjektiver Einsicht".[3]) Die Billigkeitsrücksichten sollten daher nur da eingreifen, wo sie als einzelne Ausnahmen im Gesetz selbst zugelassen werden (vgl. BGB. §§ 829, 847). Damit ist eine objektive Grundlage der Billigkeit angezweifelt. „Auf Billigkeit läßt sich keine Ordnung begründen." Das Prinzip einer gerechten Entscheidung ließe sich nicht aus dem eigenen Kopfe und Herzen entnehmen, es müßte zur völligen Aufhebung jeglichen Rechtszustandes führen.

Hier ist deutlich der Billigkeit jede objektive Grundlage entzogen, und selbst wo das Gesetz sie anordnet, ist sie in ihrem Inhalt auf das Gefühl verwiesen. Diese Auffassung der Billigkeit als eines subjektiven Prinzips ist nicht vereinzelt.

Von der späteren Zeit der römischen Rechtsentwicklung weiß Voigt zu berichten, daß nach „individuellem Billigkeitsgefühl oder subjektivem Meinen" die aequitas im Recht Anwendung fand, und daß sich daraus all die unerfreulichen Versuche der Rhetorik, Einwirkungen auf das Gefühl des Richters anzustreben, entwickelten. So erklärt sich die Bestimmung aus J. IV, 17 pr: imprimis illud observare debet iudex, ne aliter iudicet, quam legibus aut constitutionibus aut moribus constitutum est.

[1]) System der Rechtsphilosophie 1882.
[2]) S. 238f. [3]) S. 241.

Von den Juristen mag zunächst nur Ihering genannt werden.[1]) Sein Gedankenzug weicht kaum von den bisher besprochenen Meinungen ab und erscheint als Urbild der allgemeinen Behandlung des Problems. Die Billigkeit ist relativen Wertes. Wenn das Zwölftafelgesetz nach des Tacitus Wort (Ann. III, 27) finis aequi iuris heißt, so würde die spätere Entwicklung den Vorfahren als Verweichlichung, den Nachkommen als noch nicht milde genug erschienen sein. Durch Generalisierung sucht das Recht die Verwirklichung der Gleichheit. Durch dieses Verallgemeinern aber leiden die Besonderheiten, und so „stellt sich der Konflikt der Gleichheitsidee mit sich selbst d. h. der Unbilligkeit heraus, d. h. das wirklich Ungleiche wird als gleich behandelt", und die Billigkeit erscheint wieder als „eine Selbstkorrektur des Rechts auf dem Wege des Individualisierens". Und die kann bestehen entweder in einer elastisch gefaßten Regel, oder einer Bestimmung, die einer anderen das Gegengewicht hält (in integrum restitutio) oder in der Übertragung der korrigierenden Macht in die Gewalt einer höher gestellten Person. Aber gerade im letzten sieht Ihering mit Recht die Auslieferung der objektiven Regel an subjektive Elemente, die schwankenden Eindrücken ausgesetzt sind. Daher ist zu verstehen D. 45, 1, 91, 3: de bono et aequo, in quo genere plerumque sub iuris auctoritate perniciose erratur.

Ihering leugnet die Anwendung der Billigkeit für die Zeiten nach der Zwölftafelgesetzgebung ganz, weil sonst unter dem Deckmantel der Billigkeit Willkür und Parteilichkeit Herrschaft gewonnen hätten. Die Billigkeit im Sinne Iherings als eine an keine objektiven normativen Richtlinien gebundene Urteilsart mag dem Rechtshistoriker nicht auffindbar sein. Aber in einer wesentlich anderen Gestalt, einer wirklichen Gestalt, d. h. als ein in feste Formen geprägtes Prinzip hat sie gewirkt, wenn auch nicht in der strengen Urzeit des Rechts, wo noch die Form seine ganze Stärke bedeutet, doch sobald es, durch die Zeit erprobt, lebensfähig geworden war und sich in weniger feste, elastischere Formen kleiden durfte.

Was zu Ciceros Zeiten billig war, konnte zu des Livius Zeiten unbillig sein. Darin liegt die Relativität der Billigkeit,

---

[1]) Geist des römischen Rechts, 5. Aufl. II, 90.

die einer einheitlichen Erfassung widerstrebt, solange sie in das Gefühl oder sonst welche Bestimmungen von wechselndem Inhalt, oder überhaupt in irgendeinen Inhalt gewiesen wird. Aber auch als Korrektur des Rechts aufgefaßt, ist damit doch, obwohl sie in dieser Präzisierung als ein formales Prinzip erscheinen könnte, versteckt ein relativ inhaltliches Moment mitgedacht, indem die „Korrektur" doch wieder eines „Inhaltes" bedarf, wonach sie verfährt; und den findet sie, wie alle Darstellungen bis jetzt bewiesen haben, entweder im Gefühl oder in der Moral, wohl gar in der Religion oder in dem Naturrecht, das sich vor allem seines problematischen Charakters wegen jeder Bestimmung entzieht.

7. Ergebnis und Aufgabe.

Es ist eines besonders bemerkenswert. Es haben zumeist die Philosophen den Begriff der Billigkeit, und zwar im natürlichen Zusammenhang mit dem des Rechts zu bestimmen versucht. Die auf Billigkeit besonders verweisenden Bestimmungen unserer Gesetze (z. B. §§ 315, 920 BGB.) aber verwenden ihn anders, nach ihnen tritt er nicht auf als dazu bestimmt, zur Korrektur des gegebenen Rechts zu dienen, sondern in einer ganz eigenen Bedeutung. In dieser ist er aber durch die Philosophie wohl unbeeinflußt geblieben und hat sich aus der Geschichte der Rechtsordnungen selbst herausgebildet.

Außerdem aber besitzt der Begriff Billigkeit, annähernd in dem Sinne wie er in der Geschichte der Philosophie erscheint und ohne Anspruch auf Vollständigkeit eben dargestellt worden ist, auch ohne ausdrückliche Benennung mit seinem Namen ein Äquivalent in einer gewissen Erscheinung der Rechtsentwicklung. Hier waltet ein Prinzip, das unter Wahrung bestehender Rechtssätze, neue Erscheinungen unter sie begreift, ein Prinzip, das die historische Billigkeit heißen mag. Diese beiden Arten der Billigkeit, die historische und die, die unsere Gesetze ausdrücklich erwähnen, in ihrer Entstehung und ihrer Bedeutung aufzuzeigen, ist die Aufgabe, die noch zu lösen ist. Denn zu einer befriedigenden Lösung ist es bisher nicht gekommen.

II. Teil.
Theorie der Billigkeit.

1. Abschnitt.
Grundbegriffe.

I. Die Struktur der Normen.

1. Philosophie und Rechtslehre.

Die Philosophie des Rechts war in früherer Zeit ein Teil des Systems jedes Philosophen von Fach. Die Juristen mühten sich nur um die technische Verarbeitung des Rechtsstoffes, und wo bei ihnen die Neigung zu philosophischer Betrachtung hervortritt, wie bei den römischen Juristen, da kam es nur zu unbedeutenden Versuchen. Bis in die neueste Zeit hinein aber haben die Rechtslehrer dadurch, daß sie Sinn nur für das Positive im Rechte und seine Verknüpfung zeigten,[1]) den Philosophen einen titulus geradezu aufgedrängt, die spekulative Ergründung jenes Positiven aufzunehmen; und daraus erklären sich die rechts- und wirklichkeitsfremden, rechtsphilosophischen Systeme, die zu Beginn des 19. Jahrhunderts in großer Zahl auftauchen. Es fehlt der Hinblick auf das Positive, das der philosophischen Erkenntnis hätte dienstbar sein können; die Aufgabe wird dahin gelöst, daß ein Abriß des Positiven, etwa ein „allgemeiner Teil", als Philosophie geboten wird. Andererseits bedauert Ihering noch (in der Vorrede zum Zweck im Recht), in der Philosophie „Dilettant" zu sein[2]) und nicht die Kenntnis „positiv juristischen Materials" mit philosophischer

---

[1]) „Eine bloß empirische Rechtslehre ist ein Kopf, der schön sein mag, nur schade, daß er kein Gehirn hat!" (Kant, Rechtslehre § B.) „Ein Antlitz ohne Augen", sagt Schopenhauer. Welt als Wille, Bd. 2, S. 841.

[2]) Volksausgabe, S. II.

Durchbildung vereinen zu können. (Was Kohler ihm mehrfach vorwirft.) Diese Vereinigung von positivem Wissen und der Fähigkeit zu seiner begrifflichen Höherführung ist also erst eine jüngere Erscheinung.

2. Methoden der Rechtstheorie.

Auf drei Methoden lassen sich die Versuche der Erkenntnis des Rechts zurückführen. Die Naturrechtslehre und die historische Rechtsschule stehen als entgegengesetzte Pole einander gegenüber. Wenn die eine das Recht als aus reinem Erkennen herleitbar ansah, so erblickte die andere nur in dem, was gerade ist, das rechtlich Bedeutsame. Auf der einen Seite litt man an der Askese des Tatsächlichen, auf der anderen galt nur das Gewordene, das schon wieder verwirkt war zugunsten des Werdenden. Dort glaubte man das Recht von den Sternen ablesen zu können, daß man es finden könne, wie man Kräuter sucht. Die Diskrepanz zwischen Unrecht und Recht wurde in die Intensität des Wissens verlegt. Hier erschien alle Rechtswerdung als Stufe zur Entwicklung der Idee. So wurde dort in den Begriff aller Inhalt versenkt, das Allgemeine siegte über die Vielheit der Erscheinungen, — hier war der besondere Inhalt zugleich das Allgemeingültige.

Von diesen beiden Lehrrichtungen unterscheidet sich die transzendentale Methode. Sie hat uns die rechte Fragestellung gelehrt und in diese schon alle Lösung verlegt. Sie hat uns die Grenzen des Wissens gezeigt und sozusagen das faustische Problem gelöst, indem sie uns wies: was wir wissen können.

Aller Inhalt ist durch Erfahrung gegeben. Um aber objektiv gültig zu sein, bedarf er formaler Bestimmungen, die absoluten Charakter haben. Darin liegt seine Allgemeingültigkeit. Sie sind die absoluten Voraussetzungen für ihn. Allgemeingültigkeit bedeutet objektive Erkennbarkeit, formale Bestimmung heißt absolute Geltung oder Apriorität. Daß also ein Inhalt objektive Gültigkeit erlangt, beruht darauf, daß er unter apriorischen Formen steht.[1]) Die Form schließt ihn in ihre Absolutheit ein.

---

[1]) Formal und Form begreife ich mit Stammler als „bedingend, Bedingung". Ztschr. f. Rechtsphilosophie, Bd. I, 5, 8. — Weber sieht den Begriff der Form bei Stammler als unbrauchbar an (Verhandlungen des ersten deutschen Soziologentages 1911, S. 268).

Die Grundlegung für unser Problem ist ohne Hinweis auf die Grundfragen des Rechts nicht möglich. Die Geschichte des Begriffes Billigkeit zeigte die engste Anlehnung an den Begriff Recht. Das ist noch kein Beweis der Zusammengehörigkeit. Der kann allein in erkenntnistheoretischer Betrachtung geführt werden.

3. Kausalität und Motivation.

Dem Reiche der Erscheinungen steht das Reich der Zwecke gegenüber. Wie für die Erscheinungen die Kausalität die Bedingung aller möglichen Erfahrung des So-Seins ist, so ist, wo Handlungen in Frage stehen, nach dem bedingenden Gesetz des So-Sollens zu forschen.

In der Tafel der Kategorien ist die der Gemeinschaft, die sogenannte „Wechselwirkung", die dritte der Relationen. Kant bezeichnet sie als die Wechselwirkung zwischen „Handelnden und Leidenden". Das ist auffällig. Kant will sie also selbst nicht auf alle Erscheinungen beziehen, anscheinend bloß auf Wollende. Wenn aber auf ihr Sein, dann ist es unverständlich, woraus ein Unterschied gegenüber sonstigen Erscheinungen hergeleitet werden soll. Eine Wechselwirkung im wahren Sinne des Wortes ist ein „Ungedanke".[1]) Es handelt sich bei den so bezeichneten Vorgängen um „Sukzession gleichnamiger Ursachen und Wirkungen".[2])

Weiter heißt Zweck sein, Gegenstand des Wollens sein. Der Zweck ist ein unmittelbar auf ein Wollen gerichtetes Motiv. Motiv ist die durch die Erkenntnis hindurchgeleitete willenbewegende Ursache. Der Zweck ist also eine auf ein Wollen unmittelbar gerichtete, durch das Erkennen hindurchgehende Ursache.

Nun kann auch für alle Zwecke kein anderes Gesetz maßgebend sein, als eben die Kausalität, deren eine Form die Motivation ist. Solange man die Zwecke der Menschen (und der Tiere) betrachtet als Geschehnisse an sich, kann man über das Kausalitätsgesetz nicht hinaus. Auch wo mehrere Zwecke verfolgen, — ohne Rücksicht auf

---

[1]) Schopenhauer. Vgl. dagegen Natorp, Die logischen Grundlagen der exakten Wissenschaften, 1910, S. 78ff.

[2]) Aristoteles, Metaphysik (Lasson) 1907, S. 287: „Es könne wechselweise jeder Grund des anderen sein, Anstrengung des Wohlbefindens, dieses der Anstrengung, aber nicht im selben Sinne, das eine Zweck, das andere als bewegende Ursache."

eine schon bestehende Verbundenheit, denn diese soll ja erst erwiesen werden, — ist noch nicht eine Gemeinschaft vorhanden. Diese beginnt da, wo einer den andern gegenseitig als Mittel für seine Zwecke verwendet. Eine Wechsel„wirkung" als Kategorie im Sinne von „Gemeinschaft" kann erst hier die richtige Stelle finden. Der Handelnde ist zugleich als Leidender gedacht.

Mit dem gegenseitigen Eingestelltsein als Mittel für den anderen ist notwendig mitgedacht ein Maßstab, wonach die Zwecke des einzelnen zu richten sind. Hier ist eine Wertung hinzugekommen. Wechselseitige Zweckbestimmung nach einem Wertmesser oder Gemeinschaftsgesetz bedeutet dasselbe. Welches ist die formale überempirische Bedeutung dieses Gesetzes?

4. Recht, Moral, Sitte; Gemeinschaftsgesetz.

Dabei muß vorausgesetzt werden, daß Recht, Moral und Sitte nur nach empirischen Merkmalen zu unterscheiden sind, und daher alle Versuche, absolut gültige Grenzen zu beschreiben, etwas Überflüssiges an sich tragen. Sie können nur sozusagen funktionell, d. h. als Korrelate gewisser Gemeinschaftsumkreise erfaßt werden, wie das kurz angedeutet werden mag.

Die Abgrenzung von Recht und Sitte ist am schwierigsten. Was rechtlich und was konventional ist, kann in einer Handlung zum Vorschein kommen. Insoweit wird die Unterscheidung nicht unmöglich sein. Die Schwierigkeit setzt an der Grenze von beiden ein. Man wird aber gewisse Kreise beschreiben können, innerhalb deren sie liegen. Recht ist das Korrelat der Staatsgemeinschaft, Sitte das Korrelat der Nation. Die drei Begriffe Ethik, Recht, Sitte gehören unter einen Begriff. Ich wähle den Begriff Moral, die ich als Prinzip alles menschlichen Handelns verstehe. Eine Beziehung der drei verschiedenen Werte untereinander ist nicht fernliegend. Man bezeichnet wohl das Recht als „ethisches Minimum", bringt es aber dadurch in Abhängigkeit von einem höheren Werte.[1]) Demgegenüber ist die Selbständigkeit aller drei Werte — wenn auch ihr Zusammenwirken erst das höchste Ziel sein mag — ein

---

[1]) Nicht beizutreten ist Thon (Grünhuts Zeitschr., Bd. 7, 1880, S. 321): Nur ein allgemeingültiges Endziel bestehe, das Recht sei ein näher gelegenes Ziel. — Schmölder, Die Billigkeit als Grundlage des bürgerlichen Rechts, 1907, S. 87: Das Recht sei nur etwas Irdisches.

unablässiges Gebot. Sagen wir, daß sie Attribute einer Substanz, verschieden reflektierte Äußerungen des Handelns, Wollens und Verhaltens sind, die aber einem Parallelismus unterliegen; so ist die Ethik die Moral des einzelnen, das Recht die Moral der Staatsgemeinschaft, die Sitte die Moral der National- oder Stammesgemeinschaft.[1])

Alles Gemeinschaftsleben steht unter der Bedingung gegenseitiger nach einem Maßstab zu wertender Zwecksetzung. Alles Recht und alle Sitte konstituiert erst die Gemeinschaft. Die konkrete Richtung der Zweckeverwirklichung kann nur die Erfahrung weisen. Der Blickpunkt wird ein Kulturwert sein müssen, dessen Bedeutung und allgemeingültige Merkmale zu ergründen eine besondere Wissenschaft, die Kulturphilosophie, berufen ist. Aber der Kulturwert ist selbst Forderung als Objektivierung der Kulturidee, er gibt nur die Richtung, den Ausfall der Wertung an. In ihm brechen sich die Strahlen der gesamten Kulturäußerungen. Maßstab kann er nicht sein, da das Recht als ein Teil in ihm verwirklicht werden soll. Selbst Gegenstand der Erfahrung ist er für den Erfahrungsinhalt der Norm bestimmend.

Die gegenseitige wertende Zwecksetzung enthält dagegen ein rein formales Merkmal in sich. Die Verbundenheit nach dem Gemeinschaftsgesetz ist getragen von dem Zwang zur Ausgleichung. Auf der Beherrschung der Zwecke durch das Gemeinschaftsgesetz beruht das Wesen des Rechts. Es ist das ordnende Prinzip in der Wirrnis der Einzelzwecke. Wo mehrere Willen einander durchkreuzen und verletzen würden, schafft sie das Gleichgewicht. Kant hat[2]) die Analogie in der Erscheinungswelt gesucht und sie im Gesetze der Gleichheit der Wirkung und Gegenwirkung, d. h. eben im Gemeinschaftsgesetz, gefunden, weil in ihm das Gleichgewicht von Handeln und Leiden mitgedacht werden muß. Eben nur als Analogie.

5. Der Rechtsbegriff.

Das Aufgehobensein von Zweck und Gegenzweck in einer höheren Einheit, dem Kulturdasein, die Verbindung mehrerer Willen

[1]) Lask, Rechtsphilosophie, Festschrift für Kuno Fischer, 2. Aufl., 1907, S. 290, spricht von „Gemeinethos". — „Die Energie des Zwanges" ist sicherlich nicht das einzige unterscheidende Moment zwischen Sitte und Recht (gegen Bierhaus, Über die Methode der Rechtsprechung, 1911, S. 10 f.).

[2]) § E, Einleitung zur Rechtslehre.

zur Ruhe ist das Recht. In diesem rein formalen Sinne verstehe ich Stammlers Wort von der „Idee der Willensreinheit" in seiner Anwendung auf das rechtliche Wollen, d. h. das Gleichmaß der Zwecke.[1]) Ruhe ist nicht bloß die erste Bürgerpflicht, sondern das erste d. h. ursprüngliche Bürger r e c h t.

Kants kategorischer Imperativ ist in seiner Formulierung der Ausdruck für das Gemeinschaftsgesetz. Weber hat schon darauf hingewiesen, daß Artikel 1 des Schweizerischen Zivilgesetzbuches denselben Gedanken auch in der Form trifft. Daß der kategorische Imperativ gerade bei wahrhaft ethischen Handlungen als Prinzip versagt, wie das mehrfach betont worden ist, liegt daran, daß er eigentlich die Formel für das Recht, nicht für die Tugend enthält. Kant bringt seltsamerweise zum Belege meistens Beispiele aus dem positiven Recht.[2]) Was der kategorische Imperativ entschiedener ausdrückt als das schweizerische Gesetzbuch ist die Forderung, daß die Zweckverwirklichung allgemeines Gesetz d. h. Norm sein könne. Art. 1 spricht zunächst von der Regel, die der Gesetzgeber aufstellen würde. Der Gesetzgeber ist freilich nur tätig, wenn es sich um Norm-, nicht um Einzelfälle handelt.

Damit soll die transzendentale oder kritische Methode im Gebiet der menschlichen Handlungen ihre Kraft beweisen. Das Leben der Gesellschaft steht unter der Kategorie der Gemeinschaft. Diese ist die apriorische, über alle Erfahrung hinausreichende Bedingung für alle erfahrungsmäßige Gestaltung menschlichen Zusammenlebens. Was aber a priori erkannt wird und sich bezieht auf Gegenstände der Erfahrung allein, ist nach Kants Begriffsbestimmung transzendental.[3])

Der gewonnene Begriff vom Recht gilt für alle Rechtsordnungen. Es gibt nur einen Begriff des Rechts, den, daß es

---

[1]) Zeitschr. für Rechtsphilosophie Bd. 1 S. 21 f. Man beachte die wundervolle Geschlossenheit dieser knappen Abhandlung.

[2]) Kritik der praktischen Vernunft (Reclam) S. 32, ferner Grundlegung einer Metaphysik der Sitten S. 56 f.

[3]) Kritik der reinen Vernunft S. 43 (Reclam). — Die kritische Philosophie wird trotz Kohlers frommem Wunsch: „Die ganze Richtung kann begraben werden" (Lehrbuch der Rechtsphilosophie S. 16) lebendig bleiben. Man kann Stammler nicht mit einigen Worten abtun. Jung (Problem des natürlichen Rechts 1912, S. 54) gebraucht transzendental statt transzendent.

das Prinzip für eine bestimmte Seite menschlichen Zusammenlebens ist. Wenn die Normen, die menschliches Zusammenleben regeln, analysiert werden und alles Tatsächliche aus ihnen entnommen wird, bleibt dieses Prinzip übrig. Es ist die Klammer des Tatsächlichen. Nun ist das eine Prinzip mit einem anderen verkettet. Das, was Recht ist, *soll* Recht sein, d. h. Recht soll *richtiges* Recht sein, soll einem Werte entsprechen. Dieser Wert ist aber, wie dargelegt wurde, nicht mehr allgemeiner Bestimmung fähig. Er kann nur empirisch durch Erkenntnis des sozialen Lebens gewonnen werden. Wenn daher Kantorowicz sagt,[1]) die Wissenschaft befasse sich nur mit den Exemplaren des Rechtsbegriffs, die Kulturbedeutung besitzen, so muß er für Rechtsbegriff richtiges Recht einsetzen. Richtiges Recht ist aber nach seiner Anschauung im Anschluß an Stammlers Begriffsbildung eine Methode, d. h. es gibt nur ein Exemplar vom Begriff des richtigen Rechts, wenn auch mehrere richtige Rechte.[2]) Ebenso gibt es viele ungezählte Exemplare von Rechten, aber nicht von Rechtsbegriffen. Es gibt nur einen Begriff vom Recht und nur einen vom richtigen Recht.

Wenn nun gesagt wird, es sei für den Begriff des Rechts gleichgültig, ob hinter dem Recht die Macht es durchzusetzen stehe, so ist das ebenso richtig, wie es kein Zeichen von niedriger Kultur ist, wenn die Staatsgewalt Verwirklicher des Rechts ist. Die Frage danach aber gehört nicht zum Problem des Wesens des Rechts.[3]) Sie hat nur Bedeutung für das hypostasierte Recht. Hier scheiden

---

[1]) Zur Lehre vom richtigen Recht 1909, S. 12.

[2]) *Stammler* in der Zeitschr. für Rechtsphilosophie Bd. 1, S. 15.

[3]) Nach *Jellinek* gehört es zum Wesen des Rechts, daß Normen, die das äußere Verhalten der Menschen untereinander regeln, ausgehen von anerkannter, äußerer *Macht* und von dieser *garantiert* werden; Allgem. Staatslehre, 2. Aufl. 1905, S. 325. „Rechtsnormen sind nicht sowohl Zwangs- als vielmehr garantierte Normen"; ebenda S. 328. In der Tat ist die Rechtsgestaltung von der Macht abhängig. Diese ist aber ein rein empirischer Wert. Sie ist die *psychologische* Bedingung der Rechtsgestaltung in ihrer faktischen Umgrenzung. Es ist ein Lieblingsgedanke Jellineks; das kommt auf S. 333 a. a. O. auch bei der Begriffsbestimmung der Verfassung zum Ausdruck. Sie ist „das Spannungsverhältnis der gesellschaftlichen Faktoren". Dem Faktischen wird bei Jellinek eine bedeutende Rolle zugewiesen. Das sich stets wiederholende Faktische sei das Normative (z. B. S. 331). Das Faktische ist aber nur Gegenstand der Normierung. Wenn Jellinek weiter sagt, S. 335, daß nur die nicht

sich Rechtswissenschaft und Rechtsphilosophie. Die eine hat es mit dem wirklich gewordenen Recht, die andere mit den absoluten Elementen dieser empirischen Rechte zu tun.

II. Logische und psychologische Methode.

1. Die frühere Theorie.

Der Zwiespalt zwischen logischer und psychologischer Begründung des Rechts geht durch die gesamte Theorie. Eine Kritik der verschiedensten Einwürfe gegen die logische Begründung mag dazu dienen, den eigenen Standpunkt zu beleuchten.

Stammlers Begriff des Rechtes ruht auf dem Begriff des „verbindenden Wollens". Es ist ein solches, das ein mehreres „Wollen als Mittel für einander bestimmt".[1]) Hier ist die Regelung des Zusammenlebens auf logischer Grundlage ausgesprochen.

Stammlers Werke sind eine vollständige Transzendentalphilosophie des Rechts.

Sein Versuch, eine allgemeingültige formale Methode zur Ermittelung des jeweilig Richtigen zu schaffen, wird in einer Kritik des richtigen Rechts als Relativismus angesprochen.[2]) Das ist nicht die richtige Bezeichnung. Wenn man das Wort treu gebraucht, so deutet es auf eine Beziehung. Nun ist dieser Gedanke der allgemeinen formalen Methode nicht Beziehungsgegenstand, sondern das Prinzip des Beziehens. Insofern es allen Bezogenheiten zugrunde liegt, ist es absolut. Man könnte doch nur dann von Relativismus unanfechtbar reden, wenn der Maßstab selbst erst durch eine Beziehung zweier Gegenstände gewonnen würde, kann es aber nicht, solange die Beziehung selbst erst durch jenes Prinzip ermöglicht wird.

Übereinstimmung herrscht darüber, daß das Recht etwas Notwendiges ist. Auch im Sinne einer Bedingung menschlichen Verhaltens im Gemeinschaftsleben. Man denke an Rousseaus Wort: „Die Gesetze sind eigentlich nur die Bedingungen der

---

von dem Gefühl ihrer Normmäßigkeit begleitete Macht als Unrecht empfunden werde, so setzt er in diesem Gedanken das Recht bereits voraus, das wieder von der Macht her zum Recht geworden sein soll.

[1]) Theorie der Rechtswissenschaft 1911, S. 74.

[2]) Kantorowicz, Zur Lehre vom richtigen Rechte, S. 37.

bürgerlichen Genossenschaft."[1]) Es fragt sich nur, wer diese formale Bestimmung des Rechts in ihrer Eigenart am prägnantesten erkennt. Der eine nennt den Menschen als zur Zusammenlebigkeit veranlagt,[2]) der andere sieht wieder in ihm den sozialen Trieb,[3]) wieder andere begnügen sich zu sagen: „Es liegt in der Natur des Menschen."[4]) Jellinek betont bewußt den psychologischen Grund der Geltung des Rechts, weil es ja eine Schöpfung des Subjekts ist. All unsere Erkenntnis ist subjektiv, ohne daß dadurch die kritische Frage nach der objektiven Geltung berührt würde. Rousseaus Contrat social ist wesentlich verschieden von der rein psychologischen Begründung des Rechts. Verträge sind die einzige Grundlage des Rechtmäßigen.[5]) Die Verträge führen auf den Urvertrag zurück. Stimmenmehrheit ist nicht rechtsbegründend, sondern setzt Einstimmigkeit voraus. Ist aber nicht die Einstimmigkeit selbst ein Vertrag, und setzt ein Vertrag nicht gerade das Recht voraus? Hier ist die Unüberbrückbarkeit von psychologischer und logischer Erkenntnis offenbar.

Man beachte gegenüber der Anschauung vom Vertrage als Urtyp des Rechts den Gegensatz zu der Behauptung: „Das sich stets wiederholende Faktische ist das Normative."[6]) Man hat in neuer Zeit im Verwaltungsrecht diesem Gedanken Bedeutung beigemessen. Es handelt sich hier um eine wohl unbewußte Übertragung des Satzes Humes auf das Normative, daß das Kausalgesetz auf den subjektiven Zustand der Erwartung sich gründe, daß alles, was geschehe, uns an die Erwartung gewöhnt, es werde auch in Zukunft geschehen.

Iherings Versuch[7]) erhebt sich auch nicht über eine psycho-

---

[1]) Rousseau, Gesellschaftsvertrag II, 6. Schmölder, Die Billigkeit, S. 150, gebraucht den treffenden Ausdruck: „Das Recht ist die Logik der tatsächlichen Verhältnisse."

[2]) Zoon politicon. — Schmölder S. 71: „Gesellige Anlage."

[3]) Grotius.

[4]) Vgl. Jellinek, Allgemeine Staatsl. S. 325ff.: Das Recht beruhe auf der Überzeugung von seiner Gültigkeit. „Auf diesem rein subjektiven Element baut sich die ganze Rechtsordnung auf: da das Recht in uns steckt, eine Funktion der menschlichen Gemeinschaft ist, und daher auf rein psychologischen Elementen ruhen muß."

[5]) Gesellschaftsvertrag I, 4. [6]) Jellinek a. a. O. S. 331.

[7]) Zweck im Recht (Volksausgabe), Kap. VI.

logische Begründung. Der Begriff der Gesellschaft beruhe auf der gegenseitigen Förderung der Zwecke. Das „Gegenseitige" gründet er aber auf die geschichtliche Erfahrung. „Jeder ist für die Welt und die Welt ist für jeden da, das ist die Gesellschaft." Die Erfahrung aber begründet nie Erkenntnis, sondern ist immer erst ihr Gegenstand. Daß die verschiedenen Tätigkeiten aufeinander wirken, ist eine einfache Tatsache des Kausalgesetzes, der Zweck wirkt erst, wenn er zur Wirksamkeit bestimmt ist. Jeder ist erst für die anderen da, d. h. als Mittel zum Zweck, wenn er es soll. Somit besteht die Gesellschaft nicht in der zufälligen Kausalbeziehung, sondern in der absichtlich bestimmten Verbindung mehrerer als Mittel füreinander.

Die begriffliche Begründung der Gesellschaft bei Ihering endet, abgesehen davon, daß sie auf psychologische Weise versucht wird, im krassesten Positivismus, denn der Egoismus gilt als der oberste Zweck. Egoismus ist eben Positivismus. Nur die logische Begründung kann objektive, allgemeingültige Bestimmungen hergeben und so das Recht über alle Bedingtheit von der Relativität der Affekte und Triebe wie des Egoismus erheben.

2. Die Freirechtler.

Es ist endlich nicht eine Auseinandersetzung mit den Freirechtlern über die Form ihres Rechtsbegriffs zu umgehen. Hier wird auch Gelegenheit sein zu Hinweisen und kritischer Beleuchtung des vielberufenen Rechtsgefühls.

In methodischer Hinsicht haben die Freirechtler wenig befruchtend gewirkt. Einer von den wenigen, zugleich Kritiker der Stammlerschen Lehre, definiert, den Begriff des Rechts übergehend: „Richtiges Recht ist Recht, das dem Gerechtigkeitsgefühl einer mächtigen sozialen Gruppe entspricht." [1])

Durch die Einführung des Gerechtigkeitsgefühls bekommt man keine Antwort, sondern entstehen neue Fragen. Ein Versuch der Definition wird nicht gemacht. Die Analyse wäre aber auch erfolglos. Es handelt sich um eine Art Antropomorphismus. Die Behauptung von den „allgemeinen Anschauungen", vom „Volks-

[1]) Kantorowicz, Zur Lehre vom Richtigen Recht S. 23.

geist", „Geist der gesamten Rechtsordnung"[1]) steht meistens unvermittelt da.[2])

Nach M. E. Mayers Auffassung enthalten diese Ausdrücke, wie überhaupt die Ausdrücke der „ungeprüften Rechtsauffassung", in sich die Gesetzmäßigkeit des Gesollten, wenn auch nicht die Einsicht in diese Gesetzmäßigkeit. „Die transzendentale Erkenntnis des Richtigen ist als Maxime des Handelns untauglich." Man könne aus ihr zeigen, so macht ihr es; nicht, so sollt ihr es machen.[3])

Richtig ist allein, daß die allgemeine Rechtsanschauung den Anschluß an eine Beurteilung vermittelt, aber dies nicht deshalb, weil sie ein Sollen vorschreibt, sondern weil sie dies Sollen schon ausdrückt. Also handelt es sich nicht um ein Normbegründendes, sondern schon um etwas Normiertes.

Eine theoretische Begründung d. h. die kritische Frage nach der Möglichkeit von Gesamtseelenvermögen[4]) ist unbedingte Voraussetzung für die Einführung derartiger Begriffe, besonders wenn man auf sie eine Lehre stützen will, hier die Lehre vom Recht. Es ist ein Unterschied, ob man sagt, in einer Gruppe äußere sich auf eine bestimmte Tatsache das Gefühl einzelner einesteils auf gleiche Weise zu gleicher Zeit, anderenteils steht die Äußerung anderer Gefühle zu jenen im Verhältnis von Ursache und Wirkung. Nicht um eine Einheit, Allheit handelt es sich, sondern um ein empirisch meßbares Zusammenwirken mehrerer. Also selbständige gleichmäßige Gefühlserregung mehrerer und Beeinflussung des Gefühls anderer in gleicher Weise. Es ist also die Summierung

[1]) „... der dem Beschwörer nicht erscheinen will"; Zitelmann, Lücken im Recht 1913, S. 6.

[2]) Besonders reichlich sind diese Begriffe oder Wendungen von Schmölder verwendet: Natur der Sache, gesunder Menschenverstand, natürliche Rechtsauffassung S. 9f., S. 16ff. des öfteren; nat. Recht, nat. Strafrecht, nat. Gesellschaftsverband, unmittelbare Rechtsvernunft S. 25—27. Vgl. hierzu Vierhaus, Über die Methode der Rechtsprechung, S. 65: „Nur schade, daß es eine solche allgemeine Volksüberzeugung gar nicht gibt."

[3]) Kritische Vierteljahrsschrift Bd. X (1905), S. 183f.

[4]) „Wo ist das Hirn für einen Allgemeinwillen?" fragt der psychologisch vorgehende A. Sturm, Die psychologische Grundlage des Rechts, 1910, S. 107. Freilich sagt er (S. 162) wieder: „... wir sind praktische psychologische Ärzte der Volksseele im Rechtsgefühl", und S. 164 wieder: es gebe kein Rechtsgefühl eines Volkes, es gebe kein Volkshirn. — So kommt es hier zu keiner Klarheit.

der gleichen oder im wesentlichen gleichen Stimmungsäußerungen der vielen, die zum Gefühl der mächtigen Gruppe, jetzt als Einheit gedacht, führt.[1]) Eine Gesamteinheit kann nie produzierend sein, sondern immer erst Produkt, fiktive, gedachte Einheit. Die Verbundenheit der Glieder zu einer selbständigen, nicht bloß ihre Summe umfassenden Besonderheit ist konstitutiv. Das juristische Beispiel von societas und universitas, Gesellschaft und Verbandsperson, ist eine Analogie hierzu. Jene ist real durch die nebeneinanderliegenden empirisch kontrollierbaren Einzeläußerungen natürlicher Seelenvermögen, diese ist ideales Postulat, das sich verwirklicht, indem es durch Absorption empirischer Gegebenheiten ein überempirisches Subjekt erbaut. Die Verbandsperson ist die ideologische Transposition greifbarer Wirklichkeiten.

Wer also die psychologische Analyse des Gerechtigkeitsgefühls gibt, der hat noch nicht das Recht, den gewonnenen Begriff als Einheit auf eine Gesamtheit zu übertragen und dieser ein selbständiges Organon des Fühlens zu verleihen. Man könnte einwenden: des Wollens allerdings, warum dann auch nicht des Fühlens? Darauf ist zu erwidern, daß das Wollen der Verbandsperson eben konstruktiv ist und ein Konstruierendes voraussetzt, das ist eben das Recht. Das Recht oder die Moral — Moral nicht als Normenkodex, sondern Normierendes erfaßt — ermöglicht eben das Wollen, einer Gesamtheit, sie setzt diese, so daß sie will. Daher kann das Wollen, oder im engeren Sinne Fühlen nicht erst das Recht schaffen. Das ist wichtig für die logische Frage. Wie nun empirisch das Recht entstehen mag, wie weit das Fühlen der einzelnen oder der Gesamtheit in ihrer Besonderheit als Summe einer Mehrzahl Fühlender mitwirken mag, das kann nicht methodisch zum Begriff des Rechts beitragen. Das kann nur die Bedeutung geschichtlicher, sozusagen anekdotischer Beiträge haben. Es befördert womöglich das Begreifen rechtlicher Bildungen, aber berührt nicht das Verstehen. Historisch läßt sich die Welt nicht verstehen, denn die Richtung des Verstandes geht auf Unbedingtheit, die Geschichte aber freiwillig auf Abgrenzung oder gezwungen durch das Versiegen der Quellen. In der Logik aber ist aller Tatbestand vollendet.

[1]) „Massenpsychologische Feststellungen" nach Jellinek, Allgemeine Staatslehre S. 326, Anm. 1.

3. Das Rechtsgefühl.

Für die Freirechtler ist das Rechtsgefühl ein unentbehrlicher Begriff.[1]) Rechtsgefühl ist alles das, was nicht auf deutliche Rechtseinsicht gegründet ist. Dabei ist das Gefühl das Wesentliche. Was auf dem Rechtsgebiete mit dem Gefühl geschaffen wird, wird nun dem erkannten Rechte gleichgesetzt. Manche glauben mit dem Rechtsgefühl alle Probleme lösen zu können.[2]) Mit eleganter Leichtigkeit wird ein Kollektivgefühl, das „Rechtsgefühl des Volkes",

---

[1]) Vgl. Kornfeld: Das Rechtsgefühl, Zeitschrift für Rechtsphilosophie Bd. 1, S. 135 ff. — Es wird behauptet, daß nach der früheren Rechtsanwendung das Rechtsgefühl ein „unterwertiger Faktor" gewesen sei. Jetzt stehe im Vordergrund, oder solle stehen das sozialwissenschaftlich geklärte Rechtsgefühl als „überwertiger Faktor". Fragt man dann: was ist dieses Rechtsgefühl? dann hört man die seltsame Antwort „die Natur der Sache" (Wüstendörfer S. 225 im Archiv für zivil. Praxis Bd. 110). — Unter dem Verhältnis von Rechtsgefühl und Natur der Sache kann man sich wirklich nichts Rechtes vorstellen. Schmölders „Billigkeit" ist hier ein besonders warnendes Beispiel für die Unprägnanz der Begriffe. Nach ihm (S. 20) ist die Billigkeit die Natur der Sache, also ist Billigkeit und Rechtsgefühl auch dasselbe vgl. a. a. O. S. 35 und 67. Vgl. im übrigen S. 12, 13, 17, 20, 30, 32, 35, 37, 67, 197. — Man vergleiche ferner, wie verschieden das Rechtsgefühl bewertet wird, auf der einen Seite nennt es Gmür (Die Anwendung des Rechts nach Art. 1 des schweizerischen Zivilgesetzbuches, 1908 [Abh. z. schweiz. Recht, 26. Heft], S. 105) eine Mode der Jetztzeit. Vierhaus sagt in der DJZ. 1909, 1171: das Rechtsgefühl ist logisch nicht faßbar, er sagt ferner (S. 72, über die Methode der Rechtsprechung), ein intuitives Entscheiden habe mit dem Rechtsgefühl nichts zu tun. Jhering, der so vieles aus dem Gefühl entspringen läßt, meint mit Recht: das Recht hat das Rechtsgefühl erzeugt, Zweck im Recht, Bd. I, S. X. Das steht doch wohl im Widerspruch zu anderen Behauptungen, z. B. vom Gefühl des Subjekts von der ethischen, also auch rechtlichen Bestimmung seines Daseins Bd. I, S. 45. Und auch Vierhaus fordert S. 84 a. a. O. für die Rechtsprechung: „Rücksicht auf den Zweck des Gesetzes unter Kontrolle des Rechtsgefühls."

[2]) Fuchs. — — Stampe, Unsere Rechts- und Begriffsbildung, 1907, S. 29: Das natürliche Rechtsgefühl. Löning (Über Wurzel und Wesen des Rechts, 1907) nennt in Umkehrung des bekannten Satzes von Jhering das menschliche Gefühl den Schöpfer des ganzen Rechts. Der letzte Grund der Entscheidung liegt in dem Satze: „Genug, wir fühlen so!" (S. 2, 5 f.). Es bestehe ein Kausalverhältnis zwischen Tatbestand und Rechtsfolge; das Gefühl des Einklangs beider sei das Rechtsgefühl. Es handelt sich doch aber um Grund und Folge!

als Universalheilmittel der rechtlichen Gebrechen empfohlen. Das Recht oder Gerechtigkeitsgefühl einer Gesamtheit ist nicht geeignet, die Lösung zu verheißen. Was an der letzten Frage ist, wurde schon erörtert.

Kann aber die kritische Methode ersetzt werden durch jene andere psychologische, wonach etwa Recht ist, was auf ein Gerechtigkeitsgefühl wirkt, ebenso wie schön ist, was auf ein Schönheitsgefühl wirkt?[1]) Die Ästhetik muß von der Ethik geschieden werden. Das Wesen des ästhetischen Genusses ist eine bestimmte Beschaffenheit des rezeptiven Bewußtseins. Allerdings beruht das Schöne uneingeschränkt auf dem Wirken auf ein Etwas, das man nun Schönheitsgefühl nennen mag. Das Recht kann nicht, wenn man es nicht zu einem Faktum der Ästhetik machen will, als Wirkungseinheit hingestellt werden. Das Recht ist der Ausdruck dafür, was eine Gemeinschaft will, wie sie ihr Leben durch Handlungen betätigen will.[2]) Das richtige Recht ist im Grunde nichts anderes. „Recht soll Recht sein". Das Wesen des Schönen ist ein bestimmtes Wirken auf den (inaktiven) Willen (das Gefühl), das Recht ein Wirken des (aktiven) Willens.

Das Schöne ist, wenn man dem Gedankengange von Kantorowicz folgt, eine Wirkungseinheit, das musikalisch Schöne ist aber eine Wesenseinheit, ebenso die Architektur, die Malerei usw. Aber dann stimmt nicht der Vergleich mit dem Recht. Die einzelnen richtigen Rechte sind nämlich das richtige Recht und nicht dessen Arten, sie sind sozusagen einander koordiniert, die einzelnen Gebiete des Schönen sind aber einer Größe subordiniert, eben dem Schönen. Wesenseinheiten sind im Recht das Zivil-, das Straf-, das Prozeßrecht, das einzelne richtige Recht nicht.[3]) Sie als Wesenseinheiten ansehen, heißt glauben, daß das positive Recht, wie es uns die Geschichte der Völker, oder, sofern die Gegenwart in Betracht gezogen wird, ihre Gesetzgebung und ihre Rechtsprechung

---

[1]) Kantorowicz, S. 23 f.

[2]) Der Unterschied zwischen Denken, Fühlen und Wollen ist ja bei Kantorowicz der Ausgangspunkt für seine Polemik gegen Stammler a. a. O. S. 7.

[3]) Gegen Kantorowicz S. 25. Die Möglichkeit der technischen Bearbeitung des einzelnen richtigen Rechts ist dasselbe wie die Darstellung einer Epoche der gesamten ästhetischen Kultur.

lehrt, daß also das positive Recht auch richtiges sei oder gewesen sei. Das ist doch nicht der Fall.[1]) Um in der von Kantorowicz gewählten Terminologie zu bleiben, ist also Recht, was eine mächtige soziale Gruppe will, richtiges Recht ist es dann, wenn es die Zwecke dieser Gemeinschaft deckt. Eine Methode, die ihre Kriterien nicht in objektive Merkmale verlegt, sondern in das höchst subjektive Gerechtigkeitsgefühl, ist wenig faßbar. Jung sagt derber, Recht sei die Grenze dessen, was sich der eine von dem anderen gefallen zu lassen braucht.[2]) Und am derbsten sagt es in diesem Sinne Schopenhauer in der Fabel von den Stachelschweinen.[3])

Richtiges Recht ist eine Methode. Das Gerechtigkeitsgefühl aus dem positiven Recht zu entnehmen, ist eine Spielerei. Das positive Recht ist ja Gegenstand des Forschens in seiner Beziehung zum Gerechtigkeitsgefühl. Dieses kann nur aus der Gesamtheit der Kulturbedürfnisse entnommen werden, und dann lautet der

---

[1]) Und doch steht Kantorowicz verehrungsvoll da vor der Macht der Tatsachen. Er verrät seinen Positivismus auf S. 25: „. . . vor allem selbstredend das richtige Recht, das dem in unserem heutigen positiven Recht sich ausdrückenden Gerechtigkeitsgefühl entspricht." Das widerspricht geradezu dem, was auf S. 37 gesagt wird: „. . . die historische Reihe der subjektiv gültigen Rechtsideale zu erforschen." Aber die Rechtsideale brauchen nicht verwirklicht zu sein. Gewisse Machtverhältnisse können sie von der Verwirklichung ausschließen. In wie weit Gerechtigkeitsgefühl und positives Recht sich decken, ist doch erst die Frage.

[2]) Jung, Problem des natürlichen Rechts, S. 134: „Recht ist ein Verhalten, das in dieser historischen Gemeinschaft der einzelne von seinem Gegeninteressenten verlangen kann." Vgl. ferner S. 65: „Die Reaktion des einzelnen Interessenten gegen ein Verhalten, das er als Verletzung empfindet, unterstützt von dem Empfinden der anderen Unbeteiligten und von der körperlichen Hilfe seiner Sippe und schließlich der organischen Gesamtheit, ist die Urerscheinung des Rechtslebens." Das kann und darf nur so viel heißen, auf diese Weise tritt das Recht zum ersten Male in die Erscheinung, das begründet aber nicht das Recht.

[3]) Eine Gesellschaft Stachelschweine drängte sich an einem kalten Wintertage recht nahe zusammen, um durch die gegenseitige Wärme sich vor dem Erfrieren zu schützen. Jedoch bald empfanden sie die gegenseitigen Stacheln; welches sie dann wieder voneinander entfernte. Wenn nun das Bedürfnis der Erwärmung sie wieder näher zusammenbrachte, wiederholte sich jenes zweite Übel; so daß sie zwischen beiden Leiden hin und her geworfen wurden, bis sie eine mäßige Entfernung voneinander herausgefunden hatten, in der sie es am besten aushalten konnten.

Versuch: entsprechen den wirtschaftlichen Bedürfnissen im Einklang mit des Volkes Gesamtkulturstellung, wozu ja wieder das Recht selbst gehört, die normierten Regeln, oder wie müssen sie normiert sein? Wozu dann noch das Gerechtigkeitsgefühl, wenn man objektive Tatsachen, die sozialen Wirtschaftserscheinungen befragen kann! Ein einziger kulturphilosophisch gerichteter Mann wird diese Tatsachen oft bedeutend besser schätzen, als das unbestimmte Kollektivgefühl, dessen Wirklichkeit die „psychologisch-historisch-realistischen Positivisten“[1]) erst einmal erweisen müßten. Und dann abgesehen von dem mit Recht in seiner Existenz und wegen seiner Subjektivität angezweifelten Gerechtigkeitsgefühl sagt Kantorowicz mit Recht: „... kann auch die Rechtsphilosophie ... zu den kulturell verschiedenen Äußerungen des Gerechtigkeitsgefühls die ihm jeweilig entsprechenden Idealrechte konstruieren.“[2])

Man rennt aber offene Türen ein, wenn man den Versuch, die einzelnen Rechtsideale in Wertbeziehungen zueinander zu bringen, als „unsinnig“ bezeichnet. Gerade in einer Polemik gegen Stammler, der als Kritizist jedem derartigen Versuch entgegen sein muß. Die Naturrechtlerei ist nicht mehr Gegenstand des Streits, was nicht hindert, ihr im Vorübergehen wenigstens einen Hieb zu versetzen. Dadurch rückt die Polemik in ein falsches Licht, wenn in einem Atemzuge Stammler und das Naturrecht genannt werden. Das Bestreben, eine allgemeingültige Methode zur Ermittlung des jeweilig in gegebener Lage richtigen Rechtes zu finden, ist aber nicht der Gedanke des Relativismus, sondern ist — gegen Kantorowicz[3]) — die kritische Methode, die selbst erst die Bedingung des Relativismus ist, wenn man hierunter die Anschauung versteht, daß es nicht inhaltlich allgemeingültig bestimmte Werte gebe.

Wenn also das Recht an einer formalen Bestimmung teil hat, die absoluten Charakters ist, so ist damit den Einzelbestimmungen eines Systems ebenfalls ein allgemein gültiger Wert verliehen. Der Einzelsatz ist nicht der verallgemeinerte Ausdruck dafür, wie gewisse Menschen zu einer gewissen Zeit ein bestimmtes Verhältnis regelten, sondern ist die normative Beherrschung von Rechtsbeziehungen, entstanden durch die gegenseitige Abwägung

[1]) Kantorowicz a. a. O. S. 28.

[2]) Kantorowicz S. 28.

[3]) A. a. O. S. 37.

von sich aufeinander beziehenden Zwecken so, daß sie gleichgewichtig wurden. Die Entstehung eines Rechtssatzes sehen wir doch nicht so vor sich gehen, daß man von den Besonderheiten aufsteigend zu einer Abstraktion gelangt, die nun inhaltlich für alle ähnlichen Fälle als Regel gelten sollte, sondern sie erfolgt, indem das Gesetz der Gemeinschaft auf Gegenstände der Erfahrung angewandt wird. Jeder Gesetzesvorschlag wäre sonst gestützt auf eine wissenschaftliche Erkenntnis von Tatsachen, die nur einen objektiven Ausdruck haben kann und keinem Streit unterliegen könnte. Verschiedene Gesetzesanträge aber zur Normierung eines Verhältnisses fußen auf der Verschiedenheit, wie die Zwecke gegenseitig von den Parteien verschiedenster Richtung aufgewogen werden können, und sind nicht eine Frage des Seins, sondern des Sollens. Die Norm beschreibt nicht, sondern schreibt vor.[1]) Daraus folgt, daß ein Gesetz eine Allgemeinheit und keine Verallgemeinerung ist. Den Inhalt gibt freilich die Erfahrung her, aber er wandelt sich zur Allgemeinheit durch die kategoriale Form, die ihn erfaßt. Ein Gesetz tritt ja gerade oft durch das, was sein soll, dem entgegen, was ist.[2]) Darin offenbart sich sein Zweckprinzip. Lücken sind unter der Voraussetzung der Allgemeinheit der Normen nicht möglich im Einzelsatze, sondern nur im System.[3])

---

[1]) Das juristische Denken ist nicht „eine kausale, sondern teleologische Operation", es fragt nicht nach dem Warum, sondern dem Wozu. Verhandlungen des 1. deutschen Soziologentages 1911, S. 304.

[2]) Ostwald, Philosophie der Werte, 1913, S. 310, spricht von „unergetischen Rückständigkeiten". Sein „energetischer Imperativ" (S. 308 ff.) ist eine unoriginelle Phrase.

[3]) Hierüber ist viel geschrieben worden. Die hier vertretene Auffassung folgt etwa Zitelmann, Lücken im Recht, 1903, S. 9: das Recht sei ein lückenloses Ganzes, nur das Gesetz (d. h. nicht der Einzelsatz) habe Lücken. Er unterscheidet vermeintliche (S. 24 f.) und echte Lückenausfüllung (S. 27 ff.). Bei der ersten kann, bei der letzten muß der Richter schöpferisch vorgehen (S. 35). Anders steht Gmür zu dieser Frage (a. a. O. S. 113). S. 101: „Fast alle Theoretiker geben die Existenz von Lücken zu, nur besteht keine Einigung über ihre Ausfüllung". S. 102: Art. 1 des schweizerischen ZGB. erkenne das Vorhandensein von Lücken an. Man vergleiche den Gegensatz bei Bornhak, Preußisches Staatsrecht, III (1890), S. 598: „Richtig ist, daß ein Gesetz eine Lücke haben kann, . . . aber Lücken der Rechtsordnung selbst sind undenkbar." Jellineks wiederum entgegengesetzter Standpunkt berührt sich mit dem Zitelmanns. Er sagt in seiner

Iherings Darstellung von der Entstehung der Rechtssätze bedarf einer besonderen Betrachtung, weil sie die allgemeine Auffassung, gegen die wir uns wenden mußten, wiederzugeben scheint. „Der Geist sieht, daß etwas geschieht und sich stets wiederholt, er fühlt, daß es geschehen muß, und faßt dies Müssen in Worte. So entstehen die Rechtssätze".[1]) Es ist damit eine wenig überzeugende Begründung der Normen gegeben: sie empfangen ihr Leben lediglich aus der Vergangenheit und verdanken dem Gefühl, daß es immer so sein müsse, ihre Wirksamkeit für die Zukunft. Das Gefühl aber kann, seiner Subjektivität wegen, keine allgemeingültige Ordnung herstellen,[2]) nur eine logische Begründung schafft objektive Geltung. Und auf dem logischen Charakter der Rechtsnormen allein beruht ihre Notwendigkeit. Daß, was war, auch künftig sein müsse, beruht nicht auf der Häufigkeit des Geschehens, sondern auf der logischen Bedingung, die diesem Geschehen zugrunde liegt. Und dasselbe gilt für das Gebiet der menschlichen Handlungen,[3]) die sich in Normen verkörpern. Wenn Ihering

---

allgem. Staatslehre S. 347 (vgl. S. 345): „Das Dogma von der Geschlossenheit des Rechtssystems gilt nur für jene Teile der Rechtsordnung, in denen dem Richter die letzte Entscheidung des Einzelfalls zusteht." — — Es ist jedenfalls festzuhalten, daß die Frage dahin zu richten ist, ob die Einzelnorm als angebliche Abstraktion lückenhaft sein könne. In Verkennung dieser Frage wird vom „Größenwahn der Legislative" gesprochen (vgl. Stampe, Unsere Rechts- und Begriffsbildung, 1907, S. 21).

[1]) Ähnlich Löning, Über Wurzel und Wesen des Rechts, 1907, S. 24: „Das objektive Recht besteht in Abstraktionen, in Allgemeinvorstellungen, erhoben für alle ebenso gestalteten Fälle."

[2]) „. . . Eine Manier . . ., nämlich die Ideen überhaupt, so auch die des Rechts und dessen weiterer Bestimmungen als Tatsachen des Bewußtseins unmittelbar aufzugreifen und zu behaupten, und das natürliche oder ein gesteigertes Gefühl, die eigene Brust und die Begeisterung zur Quelle des Rechts zu machen." Hegel, Grundlinien der Philosophie des Rechts, 1911, § 2 (S. 20).

[3]) Vgl. Vierhaus, Über die Methode der Rechtsprechung S. 69: beim Recht sei, weil ein Handeln in Frage stehe, für eine naturwissenschaftlich-induktive Methode kein Raum. Der Begriff der Rechtsfindung wird zumeist in naturgeschichtlichem Sinne aufgefaßt, ebenso der Begriff der Rechtsbildung. Vgl. z. B. Schmölder, Die Billigkeit, S. 50; Gmür a. a. O. S. 110f. „Induktion im Recht" fordert Ofner (Recht u. Wirtschaft 1913, S. 328ff.), ohne freilich mehr zu verlangen als den Zusammenhang mit der Erfahrung.

die Logik des Rechts allein darin sieht, daß die einzelnen Rechtssätze zu Begriffen systematisch verarbeitet werden, so setzt dies die Möglichkeit der logischen Struktur der Normen bereits voraus. Ihr logischer Charakter aber liegt eben darin, daß sie bedingt sind von der Form einer allgemeinen Gesetzgebung,[1]) und diese Form ist das Gemeinschaftsgesetz.

„Aber wie weit bleiben diese Abstraktionen hinter der Wirklichkeit, der sie entnommen sind, zurück; wie roh und lückenhaft ist das Bild, das sie uns von derselben gewähren."[2]) Die nächste Folgerung, die Ihering konsequent daraus zieht, ist, daß die Rechtsregeln eines Volkes nie ein getreues Bild seines Rechts geben. Es wirkt bei dieser Auffassung der Gedanke mit, daß der Erfahrungsinhalt in der Norm verschwinde, verblasse, und man wird zu dieser Meinung auch schon aus dem Grunde geführt, weil man den Rechtssatz jeder gewöhnlichen Abstraktion von Erscheinungen aus der Vergangenheit gleichsetzt und ganz seine normative auf die Zukunft gerichtete Bestimmung verkennt.[3]) Es wird die logische Struktur der Willensgesetze und die der Erscheinungsgesetze nicht scharf geschieden, und eine Analogie zwischen diesen beiden verschiedenen Welten verleitet zur Gleichsetzung.

4. Der induktive Syllogismus.

Die Allgemeinheit der Norm drückt Cohen[4]) so aus: „Wenn man alle sagt, so hat man nicht etwa die einzelnen vorweggenommen, sondern man sagt nur alle, um die einzelnen zu finden; man gibt sich damit nur die Direktion, sie zu suchen. Der allgemeine Satz hat seine prägnante Bedeutung nur als

---

[1]) Kant, Krit. d. prakt. Vern. (Reclam) S. 31.

[2]) Daher handelt es sich für manche, z. B. für Gmür (a. a. O. S. 113) bei der Lückenausfüllung um „Ergänzung unvollständig ausgedrückter Gesetzesbestimmungen". Der Gedanke kehrt in allen Varianten wieder. Vgl. z. B. Lask, in der Festschr. für Kuno Fischer (1907, S. 290): „Aus der Abstraktheit des Rechts folgt, daß es nur in dürftigen Umrissen den Ideengehalt des Gemeinethos ausdrückt." Vierhaus a. a. O. S. 24: „... alle Fälle zu treffen ist unmöglich." Daher Stampes Grundsatz (a. a. O. S. 20): „Befugnis des Richters zur Ergänzung des Gesetzes in unbeschränktem, zur Abänderung in beschränktem Maße."

[3]) Cohen, Ethik des reinen Willens, 2. Aufl., 1907, S. 279.

[4]) a. a. O. S. 276.

Obersatz des induktiven Syllogismus." Die Norm enthält also nicht eine begrenzte Anzahl von Einzelfällen in sich, ebensowenig alle Einzelfälle, sondern nur die Direktive,[1]) den potentiellen Trieb, sie alle in sich einzubeziehen. Der Gedanke Cohens, daß die Rechtsnorm als Obersatz des induktiven Syllogismus zu gelten habe, führt einen Schritt weiter. Er läßt das ganze Problem der Billigkeit auf eine neue Basis hinübergleiten. Nicht mehr aus der Generalisierung des Tatbestandes zur Regel leitet sich die Billigkeit her, und nicht mehr wird sie notwendig, dem Mangel der Rechtssätze wegen ihrer allgemeinen Natur abzuhelfen. Jede Norm ist der allgemeingültige Ausdruck eines bestimmten Zweckbildes. Ihre Allgemeingültigkeit erhält sie von dem Gesetz der Gemeinschaft, das die gleichgewichtige[2]) „Wechselbeziehung zwischen Handelnden und Leidenden" fordert.

Von der Behauptung, daß die Rechtsnormen Allgemeinheiten und nicht bloß Verallgemeinerungen seien, mag die Lösung des Problems der Billigkeit ausgehen. Ihre unmittelbare Wirksamkeit, die ihr in den meisten modernen Gesetzen eingeräumt wird, ist erst der letzte Teil unserer Betrachtungen. Sie hat aber auch eine hervorragende rechtsbildende Kraft, indem sie mittelbar auf die Fortentwicklung des Rechts Einfluß hat. Um diese ihr historische Wirksamkeit zu bestimmen, bedarf es einer Erörterung der Art des juristischen Schlusses. Der Rechtssatz fungiert ja als Obersatz des induktiven Syllogismus, und in dieser seiner Funktion tritt die Billigkeit als eigenartige Erscheinung auf.

Es war ein methodischer Fehler, der Ihering die Rechtssätze als Abstraktionen von Rechtserscheinungen ansehen ließ. Sie beziehen sich zwar auf gegebene Verhältnisse, aber ihr Wesen liegt darin, daß sie normative Bestimmungen für die Zukunft sind.[3])

[1]) Nach Otto Bähr — vgl. Vierhaus S. 41 — erhält der Richter nur Rechtsgedanken vom Gesetzgeber. Stampe (a. a. O. S. 11) äußert sich gleichfalls: Die Rechtsordnung ist „ein System ungeschriebener Prinzipien".

[2]) „Ausgleich der verschiedenen Interessen in einer höheren Einheit"; Vierhaus, S. 66. Vgl. auch Kantorowicz, Verhdl. d. 1. deutschen Soziologentages, S. 295: Abwägen der Interessen im Vergleich zu einer dritten Größe.

[3]) „Es gibt kein Seinsollendes nach rückwärts." (Jellinek). Code civil art. 2. Jung, a. a. O. S. 43: „Die richterliche Rechtsschöpfung

Normativ, das bedeutet richtige Zwecksetzung, oder wenigstens den Versuch dazu,[1]) für die Zukunft, d. h. der Anspruch auf Geltung für alle Verhältnisse, die in die berechnete Zweckanordnung, das Zweckbild gleichsam, eingestellt werden sollen. Das Vergangene zeichnet zwar oft die Linien vor für die künftige Regelung, und vergangene Vorkommnisse sind in der Norm als Einzelanwendung mitgedacht. Die unermeßliche Fülle von Besonderheiten aber wird nicht präjudiziert durch die vorschwebenden Einzelfälle. Dadurch ginge der allgemeine Charakter der Norm verloren; die auch nicht versagen soll unter veränderten Umständen, die in dasselbe Zweckbild einzuordnen sind. Das ist Billigkeit in der allgemeinsten Bedeutung, d. h. die Einordnung neuer Erscheinungen unter die allgemeinen Normen, solange ihre obersten Voraussetzungen zusammenstimmen. In diesem Sinne folgt auch die Billigkeit dem allgemeinen Sprachgebrauch, sie stützt sich aber zugleich auf den Sprachursprung, indem sie dem Rechte als solchem untergeordnet bleibt.

Die Art des juristischen Schließens hat neuestens bei Stammler[2]) eine eingehende Erörterung erfahren. „Die Aufgabe besteht darin, ein Besonderes in seiner Bedingtheit von einem allgemeinen Rechtssatze einzusehen." Es handelt sich also darum, die ganze Fülle übersehbarer und unübersehbarer Besonderheiten unter die geformten, allgemeinen Sätze zu subsumieren. Stammler vermeidet den Fehler, in der Allgemeinheit der Einzelnorm einen Grund dafür zu suchen, daß eine Besonderheit nicht subsumiert werden kann. Es treten eben Besonderheiten auf, in denen die Zweckbeziehungen eine wesentlich neue Gestalt zeigen. Dem entspräche Stammlers Begriff der „gleichheitlichen Massenerscheinungen".[3]) Erst dann stellt sich (nach Bergbohms Ausdruck) ein „rechtsleerer Raum" ein. Jene Erscheinungen sind aber nicht Fälle, die einem Obersatze sich spröde widersetzen, sondern die mit ihm überhaupt keine gleichen Voraussetzungen hatten. Und doch macht (nach Stammler) jede Einzelheit Anspruch auf rechtliche Berücksichtigung, nämlich aus dem

---

kann nicht in dem Sinn neues Recht schaffen, wie es der Gesetzgeber kann, der künftige, nicht vergangene Tatbestände wie der Richter im Auge hat."

[1]) Stammler, R. R. S. 29 „Zwangsversuch zum Richtigen".

[2]) Theorie d. Rechtsw. Abschnitt VIII.

[3]) Kultur der Gegenwart 1906, XXXIV.

Grundgedanken des Rechts: „Die Möglichkeit der einheitlich gültigen Bestimmung jeder denkbaren Besonderheit liegt in dem bedingenden Gedanken des Rechtsbegriffes selbst unausweichlich gegeben."[1]) So steht es um Fälle, die nach dem „rechtsleeren Raum" verwiesen werden müssen. Aber die Prüfung, ob der höhere Begriff eines Einzelfalles mit den Voraussetzungen eines Obersatzes übereinstimme, gehört ins geformte Recht. Dieses gibt einen allgemeinen Satz dem Richter her. Und die Voraussetzungen beider Sätze zur Einstimmigkeit zu bringen, ist seine richterliche Kunst. Und vor allem neuen Erlebnissen gegenüber nicht zu versagen, wenn es nicht solche sind, die eine gänzlich neue Zweckverbindung ausdrücken.[2]) Eine neue Erscheinung in der Natur suchen wir anzuschließen an die Kette erkannter Gesetze, sie in sie einzugliedern. Eine vollkommen neue Erscheinung bedeutet ein neues Gesetz. Und übertragen läßt sich dieser Gedanke auf das Recht anwenden. Daß nach Stammler die Paragraphen Versuche sind, „mit den Besonderheiten möglicher Untersätze tunlichst zusammenzutreffen" sagt im Grunde dasselbe, was vorher entwickelt und als Direktive formuliert wurde, aber es ist das Problem der Besonderheit, der eigentliche Sinn der Lehre vom richtigen Rechte, das bei Stammler den Zweifel sprechen läßt: daß die Normen „niemals eine prinzipielle Sicherheit haben, alle denkbaren Verschiedenheiten in der Fülle möglicher Einzelfälle zu umspannen". Daraus ergebe sich die Notwendigkeit einer unbedingten Methode, jede denkbare Besonderheit zu berücksichtigen. Aber gerade damit wäre jeder Kodifizierung der Todesstoß versetzt. Denn jede Norm ist eine Verwirklichung der Idee der Gerechtigkeit. Was sich aber verwirklicht hat, ist nach dem Gesetz des geschichtlichen Werdens zugleich verwirkt. Das richtige Recht, das jene Methode sein soll, wird so wieder zum Lückenbüßer gemacht. Die weitherzige Subsumtion des Besonderen unter einen Obersatz wird ihm zur inhaltlichen Erweiterung des Rechtssatzes selbst,[3]) es soll „die Frage ganz genau in ihrer stofflichen Besonderheit stehen gelassen werden". Damit aber wird die Methode zu einem Problem der Rechtsformung oder Rechtssatzung selbst und wird dem entrückt, dem sie allein dienen könnte, der Rechtsfindung

[1]) Code civil art. 4. Theorie d. Rechtsw. S. 668.

[2]) Darüber näheres im Abschnitt: Das freie Recht.

[3]) S. 675.

oder dem juristischen Schlusse. Und dann: das Recht ist gerade das Problem, wie das einzelne in der Gemeinschaft bestehen könne. Deshalb kann das Besondere nie isolierter Betrachtung fähig sein, sondern nur insofern, als es die Gemeinschaft, die konkrete, bereichert. —

Die Billigkeit und der induktive juristische Schluß. Auf dieser Grundlage ruht die historische Billigkeit.

Die Billigkeit, wie sie bisher in einen allgemeinen Ausdruck gekleidet wurde, erschien als die Berücksichtigung der besonderen Verhältnisse des Einzelfalles und stellt sich in Gegensatz zum gesetzten Recht. Der materielle Grund, auf den für einen derartigen Fall die Entscheidung sich stützte, mußte im Gefühl oder in einem jenseits des positiven Rechtes geltenden Naturgesetz liegen. Und erst Stammler löst diesen Inhalt in eine Methode auf, die auf unbedingte Art nach den formalen Grundsätzen des richtigen Rechts verfährt. Daß etwa Gefühl und Naturrecht Entscheidungsgründe sein können, braucht nicht widerlegt zu werden. Das schuf eben Kant die Ratlosigkeit bei der Bestimmung der Billigkeit, daß er eine Hilfsquelle von einem positiven Naturrecht nicht anerkennen konnte, daß er aber eine formale Methode für diese Frage nicht heranzog. So bleibt das Problem noch ungelöst. Und der Kantianer Stammler, der eine Methode begründet, biegt doch noch nahe an der Lösung ab, indem er die unmittelbare Anwendung des richtigen Rechtes auf einen Einzelfall fordert und ihn so isoliert, indem er ihn wie einen selbständigen Rechtssatz behandelt. Damit lenkt er von der allgemeinen, bereits gesetzten Norm einen Einzelfall, den sie einbeziehen könnte, ab, und versetzt ihn in eine Sonderstellung, die unbegründet ist, ebensosehr wenn seine allgemeinen Voraussetzungen sich mit denen der Norm decken und er nur in seinen Besonderheiten ein eigenes Gepräge hat, wie wenn er in seiner Gesamtheit eine individuelle untypische Besonderheit darstellt.

Die Billigkeit ist eine bestimmte Form der Subsumtion, und zwar nicht unter Sätze des richtigen, sondern des gesetzten Rechtes. Der Einzelfall soll der allgemeinen Norm untergeordnet werden. Durch die Wirrnis des Besonderen führt der Weg. Es ist das Undurchdringliche, das den Einzelfall bei der Beurteilung vom Obersatz abschneidet. Die Kunst des Schließens wird wirksam. Sie durchleuchtet das Dunkel des Besonderen und läßt dem Einzelfall den freien Einzug ins Allgemeine. Aber gerade die zeitliche Gebundenheit der Norm scheint im Widerspruch zum Wechsel der Besonderheiten zu stehen. Diese auch bei neuen Erscheinungen unter die Voraussetzungen des Obersatzes subsumieren zu können, in einem neuen Gewande nach altem Schnitt, ist das Wesen der historischen Billigkeit; sie ist eine Form des juristischen Schlusses. Also nicht, um die Lücken des strikten Rechtes zu büßen, tritt die Billigkeit auf, sie dient der Rechtsfindung und ist ein eigengeartetes Mittel, bei dem logischen Schluß des Beweises die unerschöpflichen Besonderheiten der Wirklichkeit in den positiven Rechtssatz einzuschmelzen. Die Billigkeit dient dem positiven Recht und kann nicht unmittelbar über dessen positive Normen hinweggehen. Wo ein Fall sich als unsubsumierbar herausstellt, fehlt ein Gesetz, und ihn entscheiden, heißt einen neuen Rechtssatz bilden. Das Schweiz. ZGB. nennt das auch ganz richtig nicht Billigkeit, sondern Neubildung, wenn es im Art. 1 die Lücken des Systems ausfüllen läßt nach der Regel, die der „Richter" als Gesetzgeber aufstellen würde,[1]) und als Voraussetzung dafür aufstellt die ausdrückliche Bedingung, daß das Gesetz über eine Frage keine Vorschrift enthält, weder nach Wortlaut noch nach Auslegung. Vielleicht ist das gerade eine gefährliche Bestimmung, indem sie den Richter von der Schwierigkeit befreit, durch die Wirrnis der Tatumstände den Obersatz einer Norm hindurchzuerkennen, also das zu üben, was nach unserer Begriffsbestimmung als Billigkeit in ihrer historischen Wirkungsweise bezeichnet wird.

In keinem Aufsatz der Neuen fehlt der Hinweis auf das schweizerische Zivilgesetzbuch. Es wird noch nachzuweisen sein, wie gerade hier die Billigkeit in unbestimmten Grenzen verschwimmt, daß das BGB. strenger die Grenzen schützt.[2]) Der Artikel 1 denkt aber nicht an Fälle, die an bestehende Vorschriften als Ausnahmen, Vereinzelungen sich anlehnen, sondern an Fälle, denen

[1]) Aristoteles Nik. Eth. S. 118. „Das von ihm Übersehene zu ergänzen, durch den Spruch, wie ihn der Gesetzgeber selbst fällen würde, wenn er den Fall vorgesehen hätte."

[2]) Gmür (S. 113) stellt den Fällen des Art. 1 die gleich, bei denen das Gesetz auf Recht und Billigkeit verweist; mit Unrecht; vgl. S. 114 und 115. Recht und Billigkeit sind da allerdings für ihn ein Begriff, nicht ius und aequitas. Er hat recht, leider ist es so.

wirtschaftliche Typen und unberücksichtigte Typen zugrunde liegen.[1]) Hier muß der Richter für mögliches Gesetzesrecht vorarbeiten. Es muß eben die Grenze zwischen dem Fall der Abweisung und dem, der Berücksichtigung verlangt, strengstens geschieden werden.[2])

2. Abschnitt.

Die historische Billigkeit.

1. Das römische Recht.

Die Billigkeit in der behandelten Form ist von einzigartiger Bedeutung für das Recht in seiner historischen Gestaltung. So angesehen soll sie das römische Recht, die ars boni et aequi, in ein ganz neues Licht rücken und soll als ein einziges Prinzip die vielfältige Entwicklung des römischen Rechtes als ius aequum in sich sammeln. In dieser Bedeutung zeigt sie ihren Wert als Bildnerin des geschichtlichen Werdeganges eines Rechts am klarsten im durchsichtigen Bau des römischen, der ähnlichen Gestaltung des englischen Rechts, endlich auch im deutschen Recht. Auch Voigt spricht vor allem die aequitas „als Agens im Prozeß der Rechtsbildung" an[3]) und sieht als ihr Ergebnis die Beseitigung starrer Satzungen „durch Rechtsschöpfungen freieren und geschmeidigeren Wesens".[4])

---

[1]) Daher kann man nichts anfangen mit solchen Wendungen (Gmür S. 110): „Die Resultate der freien Rechtsfindung sind Rechtssätze, allerdings minderen(?) Grades, die nur für den einzelnen Fall verbindliche Kraft haben." Ein Fall ohne soziale Bedeutung verdient nicht „freie Rechtsfindung".

[2]) Man denke an folgenden geradezu klassischen Fall: Es sind mehrere Personen auf der einen Parteiseite. Ein Teil von ihnen unterliegt, ein anderer Teil obsiegt. Hier handelt es sich um einen typischen Fall, der nicht normiert ist, auch nicht von § 100 ZPO. gedeckt wird, der aber eine Lösung verlangt. Denn § 308 Abs. 2 ZPO. bestimmt, daß über die Kosten entschieden werden muß. Nur ist hier die eine Besonderheit, daß die positive Berücksichtigung eben auf dieser Bestimmung des § 308 beruht. Aber gemeint ist eine Entscheidung, die aus den §§ 91 bis 107 ZPO. folgt. Unter diesen fehlt aber eine Regel, die für den genannten Fall paßt. — Die Abweisungsnotwendigkeit liegt in der sozialen Bedeutungslosigkeit eines Falles.

[3]) I, 346. [4]) I, 398.

Die Meinung, als wären die römischen Juristen philosophisch durchgebildet, und als hätten sie vor allem der stoischen Philosophie einen Einfluß auf ihre Wissenschaft eingeräumt, ist scheinbar begründet. Was im ersten Teil angedeutet wurde, ist jetzt deutlich auszusprechen. Sie kannten wohl die Gedankensysteme der griechischen Philosophie, aber ein tieferes Bedürfnis, da einzudringen, bestand nicht, denn „die Jurisprudenz war ihnen zugleich die Philosophie".[1]) Das drücken auch die römischen Juristen selbst aus: Ulpian in D. I, 1, 1, 1 und I, 1, 10 pr. und 1, 2.

„Es gibt kaum einen wichtigeren Rechtsbegriff, den ein römischer Jurist auch nur annähernd genau analysiert hätte."[2]) Ihre Fähigkeit zum begrifflichen Denken erhob sich kaum über ein mittelmäßiges Können. Voigt erkennt der römischen Jurisprudenz nicht eine einzige neue Ideenkombination zu.[3]) Wo sie philosophische Termini gebrauchen, sind es nur „Floskeln", Worte, aus einer fremden Sphäre hergeholt. Die angefügte Begründung deckt sich in ihrem Inhalte nicht mit der Entscheidung; sie nehmen entlehnte Wendungen auf, z. B. natura aequum est (*φύσει δίκαιον*), ohne daß diese einen Einfluß auf den eigentlichen rechtlichen Gehalt ausübten. „Man wollte das Resultat und benutzte das Wort nur als erwünschten Anhalt."[4]) Und doch stehen diese Bezeichnungen (naturalis aequitas, aequum est, natura aequum est) in einem formellen Zusammenhang. Sie weisen nicht zurück auf ein subsidiäres Naturrecht, sondern finden regelmäßig Anwendung, wo es sich darum handelt, neue Tatumstände mit den alten Rechtsmitteln zu meistern. Ganz in diese Auffassung fügt sich dem allgemeinen Sinne nach, was Lenel[5]) ausführt.

„Was wir den römischen Praktikern verdanken, das ist die Kunst der juristischen Technik, die Kunst, mit den Mitteln des gegebenen Rechtes auch das neu auftauchende Bedürfnis zu befriedigen . . . die Kunst, jedem Verhältnis des Lebens die Seiten abzusehen, die das Recht beachten muß, wenn es nicht zu unbilliger

[1]) Puchta, Kursus der Institutionen, 1893, I, § 102.

[2]) Holtzendorff-Kohler, Enzykl. S. 129.

[3]) I, 404.

[4]) „Sie geben oft geradezu falsche Gründe an." (Lenel, Holtzendorff-Kohler, Enzykl., S. 131.) Kuhlenbeck, Entwicklungsgeschichte des römischen Rechts, 1910, S. 204.

[5]) Holtzendorff-Kohler, Enzykl. § 46, S. 130.

Starrheit kristallisieren, — die es allein beachten darf, wenn es nicht elastischer werden will, als es das Bedürfnis des Verkehrs nach einer gesicherten Ordnung gestattet, — kurz, was ein römischer Jurist selbst die **ars boni et aequi** nannte."

Hier ist deutlich das Wesen der aequitas nach der versuchten Begriffsbestimmung hin gedeutet. Aber auch Stammler spendet den römischen Juristen dasselbe Lob, im Ergebnis nur nicht ganz so offensichtlich wie Lenel:

„Von den Begriffen der klassischen Juristen der Römer rühmt man, daß sie zugleich klar und deutlich und doch elastisch genug seien, um bei der Subsumtion konkreter Fälle auch für neue Erlebnisse nicht zu versagen. Genauer erwogen will dies sachlich begründete Lob sagen, daß die Voraussetzungen der als Obersätze zu behandelnden **Rechtsregeln** jene Vorzüge besaßen. Jene Juristen, deren wahre Größe übrigens in der ausgezeichneten Handhabung der **ars boni et aequi** gelegen war, verstanden es, die Unzulänglichkeiten, die mit dem mittelbaren juristischen Schluß unvermeidlich verbunden sind, auf ein recht geringes Maß zurückzuführen." [1]) Die ars boni et aequi die hier Stammler „übrigens" selbst in Verbindung mit dem mittelbaren juristischen Schluß bringt, also in Einklang mit unserer vorgefaßten allgemeinen Voraussetzung, steht nicht in so lockerem Zusammenhange mit dem Geheimnis jener formalen Sicherheit, die „von den nach jenem klassischen Vorbilde urteilenden Rechtsgelehrten in allen Zeiten so angenehm empfunden wurde", sondern in einer durchaus **inneren** Beziehung: jenes Geheimnis ist eben die aequitas selbst.[2]) Im wesentlichen trifft dasselbe Lassons Darstellung:[3]) „Insbesondere die römischen Juristen haben auf die philosophische Theorie des Rechtes sich nicht weiter eingelassen. Sie strebten in der praktischen Ausbildung ihres Rechtssystems danach, das formelle Recht mit einem möglichst reichen Gehalt an materieller Gerechtigkeit zu erfüllen; dafür beriefen sie sich auf ein Recht, das in der Natur der Sache begründet sei, und das als Gesetz der Natur im Be-

[1]) Theorie der Rechtswissenschaft, S. 671. **Schmölder** meint dasselbe (a. a. O. S. 84), wenn er die Römer, nicht zum Recht, sondern zur „Rechtssystematik, ars boni et aequi, prädestiniert" hält.

[2]) Auch die Lehre vom richtigen Recht, S. 165.

[3]) System der Rechtsphilosophie, 1882, S. 73.

wußtsein der Menschen lebe." Sie beriefen sich also nur, hypostasierten in einem Wort materiellen Inhalts ihre formale Methode. Savigny spricht in hoher Verehrung von dieser „bewunderungswürdigen Methode". Nicht Normen aus einem höheren Rechte schwebten ihnen vor bei der Rechtsprechung, sondern in ihnen wirkte der große Grundsatz in lebendigster Weise, „daß das Neue bloß zur Entwicklung des Alten diente." [1]) In dieser Kunst waren sie wirklich Meister. Und ehe wir uns zu einigen besonderen Proben begeben, sei kurz in allgemeiner Betrachtung auf jene merkwürdige Erscheinung hingewiesen, daß ein Volk, das die größte und staunenswerteste Entwicklung durchzumachen hatte, mit einem Jahrhunderte alten Gesetzeskodex auskam, daß noch zu Ciceros Zeiten das Zwölftafelgesetz die Fibel der römischen A b c-Schützen war. Die Hauptleitsätze des Rechts dienen als Gesetz alles künftigen Ausbaues, die Neuerscheinungen werden nicht dem Bestehenden neben-, sondern untergeordnet, alles das durch die Kunst des induktiven juristischen Schlusses.[2]) Daraus erklärt sich die Fülle von Parallelinstituten, unsolenner Parallelbildungen neben gewissen solennen Geschäften,[3]) aller jener quasi contractus, quasi delicta, actiones ficticiae, utiles. Bei den actiones ficticiae wird die fehlende Voraussetzung für die zivile Klage fingiert, und so die Subsumtion des Besonderen unter ein Allgemeines gefördert. Und ähnlich steht es mit der actio utilis, d. h. eine bereits bestehende Klageformel wird in subjektiver Hinsicht ausgedehnt und einer Person, für die sie ursprünglich nicht bestimmt ist, erteilt.[4]) D. 4, 1, 7, pr. ist ein Muster für die actio utilis in dem Sinne, daß eine Klage durch billige Auslegung aus dem Grunde eines Zivilgesetzes abgeleitet wird.

Wenn man diese Entwicklung des römischen Rechts mit einem Namen bezeichnen will, so bietet sich kein treffenderer Begriff dar, als die aequitas. Eine Stelle aus Savignys „Vom Beruf unserer Zeit zur Gesetzgebung" soll der Bestätigung dieser Ansicht dienen und darum vollständig zitiert werden:

---

[1]) Vgl. auch Jungs (a. a. O. S. 197 f.) Ausführungen über den Quasianschluß S. 19.

[2]) „Sie kamen mit sehr geringem Gesetzesstoff aus." Kuhlenbeck, S. 202.

[3]) Voigt III, 368.

[4]) Kuhlenbeck, S. 237/38.

„Darum (durch die Anwendung jener nun ausführlich erklärten Methode) zeigt die Geschichte des römischen Rechtes bis zur klassischen Zeit überall allmähliche völlig organische Entwicklung. Entsteht eine neue Rechtsform, so wird dieselbe unmittelbar an eine alte bestehende angeknüpft und ihr so die Bestimmung und Ausbildung derselben zugewendet. Das ist der Begriff der Fiktion."

Es liegt hier bei Savigny eine viel verständnisvollere Erfassung dieses historischen und daher auch organischen Prozesses vor als bei Voigt, der in den Parallelsatzungen, Fiktionen eine Umgehung der Fundamentalsätze des Privatrechts erblickt, und der dagegen den Vorwurf von „Wortspielereien und haltlosesten Vorwänden aller Art" erhebt, ohne den inneren Zusammenhang zu erkennen, der im Rechte selbst liegt und nicht etwa bloß in dem Wunsche der römischen Juristen, dem äußerlichen Zwecke der Bewahrung des Alten zu dienen, den Respekt äußerlich zu bewahren, sich aber im Innern nicht daran zu kehren.[1]) Eingedenk unserer Behauptung, die durch die besten Kenner des römischen Rechts unterstützt wird, daß die römische aequitas als Billigkeit im weitesten Sinne eine besondere Art des induktiven juristischen Schlusses ist, nämlich in der Anwendung auf neu auftauchende Bedürfnisse, wollen wir eine Anzahl von Quellenstellen einer kritischen Prüfung unterziehen. Zunächst aber ist hier der Ort, auch die Mehrdeutigkeit des Begriffes aequitas etwas einzudämmen und all die Bedeutungen von ihm abzuspalten, die sich im freieren Sprachgebrauch bildeten und eine gewisse Analogie auch in unserer Sprache haben. Und noch dessen muß man sich bewußt sein, daß der Satz quot caput, tot sensus auch hier gilt, und daß im einzelnen nicht jede Begründung einer Entscheidung oder eines Rechtssatzes mit aequitas oder natura aequum est auf einem einheitlichen Terminus beruht, sondern daß es sich hier um eine mehr allgemein erkennbare Erscheinung, um ein typisches Bild handelt.

So tritt oft die aequitas als die Begleiterin der iustitia auf. Insofern ist sie gleichgesetzt dem Grundprinzip des Rechtes selbst. „In iure aequitas spectanda est" (D. 50, 17, 90) heißt nicht soviel wie die benignitas aequitatis (D. 1, 3, 25), eine humane Gelindigkeit in der Rechtsprechung, sondern die Gesetzmäßigkeit, Gerechtigkeit

[1]) Vgl. Voigt I, S. 30—31.

selbst. Und hier berührt sie sich mit der Bedeutung, die das deutsche Sprichwort: „Was dem einen recht ist, ist dem andern billig" hat, nämlich gleiche Behandlung gleicher Rechtslagen. Dieser Sinn gibt sich deutlich kund in D. 42, 1, 20, in der Wendung aequa lance „mit gleicher Wage wägen". Dasselbe trifft C. 4, 37, 3, ebenso C. 6, 37, 23, 1; aequa lance dividi.

Als Beispiele nun für unsere Ansicht mag zuerst D. 2, 11, 2, 8 genannt werden. Hier wird klar und deutlich von exceptio accomodanda ex bono et aequo gesprochen. Die Bezeichnung „accomodanda" ist hier das Charakteristische und die unmittelbar daran geknüpfte Verweisung auf die aequitas. Es soll damit die Anpassungsfähigkeit eines bestimmten Tatbestandes an einen allgemein festgelegten Obersatz ausgedrückt werden. Im Ergebnis dasselbe, in den Worten weniger offensichtlich, geht aus den beiden Stellen D. 14, 5, 1 und 39, 3, 2, 5 hervor. In diesen beiden Aussprüchen ist das unmittelbare Vorhandensein einer Regel vermißt. Ius und aequitas stehen einander gegenüber. Aber daß die betreffenden Fälle jenem zunächst nicht sich darbietenden Satze des ius doch untergeordnet werden unter Berufung auf die aequitas, beweist, daß das Wesen dieser aequitas in nichts anderem besteht, als in einer Virtuosität in der Anwendung des induktiven Syllogismus.

Ein Musterbeispiel für eine klassische juristische Entscheidung, die die ganze Eigenart jener gerühmten Methode widerspiegelt, gibt Papinian in D. 16, 3, 24.

Es wird in dieser Entscheidung durch eine gewisse Kraft, in den Erscheinungen die Idee wiederzuerkennen, das depositum irregulare auf das einfache depositum zurückgeführt. Zwar heißt es im Vertrag: commendasti mihi. Aber — quid est enim aliud commendare quam deponere? Darauf stützt Papinian seine Ansicht, daß die actio depositi eingreife. Vor allem aber aus der speziellen Frage, der nach der Zinsenforderung, folgt unzweifelhaft, daß wir es nur mit einem depositum zu tun haben können, nicht mit einem möglicherweise in Betracht kommenden Darlehen.

Beim Darlehen können Zinsen nur durch Stipulation vereinbart werden. Hier liegt aber ein bonae fidei negotium vor, weil der Verwahrer eine gewisse Gefälligkeit seinem Vertragsgenossen erweist. Und so sehr auch in solchen Geschäften das officium arbitri dasselbe vermag wie die stipulatio, so ist es doch contra bonam fidem et depositi naturam noch vor dem Verzug Zinsen zu fordern. So werden in dem vorliegenden Falle alle Tatbestandsmerkmale eines bonae fidei negotium, das das depositum ist, aufgedeckt, um ihn dem depositum und nicht dem mutuum, das, stricti iuris ist, zu subsumieren. Darum ist auch schließlich das Zinsversprechen nicht durch stipulatio nötig, sondern durch pactum adjectum möglich, das die Klage selbst formt: format ipsam actionem (D. 2, 14, 7, 5) und in den Vertrag selbst einrückt: lex contractus servabitur. Damit ist ein neues Moment für die Subsumtion unter das depositum gefunden, in dieser Eigenart des pactum und seiner Wirkung für ein bonae fidei negotium, nach dem Satze: pacta conventa inesse bonae fidei iudiciis (D. ebenda).

Als Beispiel der Entstehung einer utilis actio sei D. 11, 7, 14 herangezogen (besonders § 11 und 11, 7, 32). Hier verhält sich die actio funeraria zu der utilis actio wie etwa die actio mandati zu der negotiorum gestio. Und Ulpian weist ausdrücklich die naheliegende actio neg. gest. zurück und stützt auf die aequitas die unmittelbare Anwendung der funeraria selbst (D. 11, 7, 14, 13).

2. Das deutsche, insbesondere das fränkische Recht.

Im deutschen Recht tritt eine Tatsache mit aller Deutlichkeit hervor. Nach fränkischem Recht ist der König Billigkeitsrichter, aus dem Königsgericht wächst die Billigkeitsjustiz hervor. Daher fehlt sie den Grafen und steht dagegen den missi zu, die ja gleichsam die weiter ausgedehnte Wirkungsgewalt des Königs verkörpern; und wir sehen auch bei der Ausbildung des Pfalzgrafengerichts die ähnliche Erscheinung, daß dem Pfalzgrafen mit der besonderen Abzweigung seines Gerichts vom Königsgericht das Recht der Billigkeitsjustiz mitgegeben wird.

Die besondere Art des Königsgerichts gibt daher Aufschluß auch über das Wesen der Billigkeit, und wenn wir auch im deutschen Recht ihre Herausbildung weniger offenbar sehen als im römischen, so steht doch fest, daß die Ausgestaltung der Billigkeitsjustiz auf der allmählichen Anpassung beruht, die infolge des königlichen Machtzuwachses entlehnte Rechtsverhältnisse an bestehende Formen erfuhren. „Die Entfaltung der Billigkeitsjustiz bewirkt die zeitgemäße, praktische Fortbildung des Rechtes.“ Die aber wäre kaum denkbar, wenn der König nur die Mäßigung eines zu strengen Urteils des Volksgerichtes hätte vornehmen wollen, sondern das Hauptgewicht liegt darauf, daß das strikte Volksrecht durch das Königsgericht weiter gebildet wurde, und daß das Königsgericht ex aequitate entschied.

„Das Volksrecht ist das ius strictum, das strenge, starre und unbeugsame Recht. Das Königsrecht vertritt im allgemeinen den Standpunkt der Billigkeit und den Grundsatz der Elastizität des Rechtes.“ [1]) Es ist einer der stärksten Einwände gegen Voigts Begriff der Billigkeit, die er im Volke wurzeln läßt, daß gerade das Volksrecht unbeugsamen Charakter trägt, und daß sie ihren Ausgang nahm von den höheren Gerichten, dem Prätor, dem Königsgericht, dem Court of Chancery im Gegensatz zum ius civile, dem Volksrecht, dem Commen Law. Dadurch bestärkt sich die Annahme, daß die Billigkeit auf einer gewissen technischen Fertigkeit, die dem gemeinen Manne fehlt, beruhen müsse, und daß die Unfertigkeit im Subsumieren und infolge davon das enge Festhalten am Wort dem Volkswesen mehr entspricht. Brunner[2]) führt ein einleuchtendes Beispiel an. Nach der lex Salica werde der Totschläger als Mörder bestraft, wenn er den Leichnam ins Wasser geworfen oder sonst verborgen habe, es sei eine besondere Nachtragssatzung nötig geworden für den Fall, daß der Täter den Leichnam verbrannt habe.

Das Wesen der Billigkeitsjustiz im deutschen Recht ist nicht unstreitig. Die Annahme, daß ihr Aufkommen im Königsgericht auf geistlichen Einfluß zurückzuführen sei,[3]) klingt nur so weit glaublich, als die Ausbreitung des kirchlichen Gedankens mit von Wichtigkeit gewesen, als eine „Art von Begnadigungsrecht“[4]) aufgetreten sein mag. Die Billigkeitsjustiz, wie sie als historische Funktion festzustellen ist, ist eine notwendige rechtliche Erscheinungsform.

Der Grund ist auch im germanischen Recht tiefer zu suchen und auch zu finden. Er liegt im Gegensatz von Volks- und Amtsrecht. Es ist eine von vielen festgestellte Tatsache, daß gerade das Volksrecht starr, nicht entwicklungsfähig ist, und daß es alle Fortbildung dem Amtsrecht zu verdanken hat. Besonders interessant

[1]) Brunner, DRG. Bd. I, S. 153. [2]) a. a. O. S. 153 Anm. 10.

[3]) Rühl i. d. Zeitschr. der Savigny-Stiftung Germ. Abt. Bd. 20, S. 207 ff.

[4]) a. a. O. S. 211.

ist die Auffassung Zallingers,[1]) nach dem das Recht ursprünglich „ius naturale und als solches ius aequum“ gewesen sei; und daß erst das Volksrecht das strenge Recht, das ius strictum geschaffen habe. Es ist dann wieder erst durch das Amtsrecht weitherziger geworden. Dann würde es sich um eine eigenartige Rückbildung handeln. Übrigens nennt ja auch in ganz ähnlichem Sinne ein römischer Schriftsteller das Zwölftafelrecht finis aequi iuris.

Die Billigkeitsrechtsprechung drang in das Volksrecht ein und führte zu eigentümlichen Deckungsversuchen. Man vergleiche im Hinblick darauf die an Beispielen reiche Schrift Peterkas: Das offene zum Scheine Handeln im deutschen Recht des Mittelalters (1911). Genannt sei z. B. das Schlüsselrecht,[2]) das die Wirkungen der Scheidung hervorzubringen bestimmt ist, es wählte „das Recht den Weg des Scheins, um von der gegebenen Rechtslage nicht abzuweichen“.[3]) Mit Recht betont Peterka, daß es sich in allen diesen und ähnlichen Fällen um das Bestreben, am Gegebenen festzuhalten, handelt, anstatt eine Ausnahme zu normieren.[4]) Es ist daher dieser äußere Konservativismus gerade das Zeichen eines sich nach innen verjüngenden Rechts.[5]) Man denke daran, daß im englischen Recht, worauf auch Peterka hinweist, der Scheinprozeß bis zum Jahre 1834 (1833?) Bedeutung hatte.[6]) Ein glückliches Beispiel bringt Meyer.[7]) Danach wurde im fränkischen Königsgericht die Zwangsvollstreckung in Liegenschaften an die volksrechtliche Preisgabe beweglicher Habe angelehnt. So schob sich das Königsrecht ins Volksrecht in geschmeidiger Anpassung ein.[8]) Das leichter bewegliche Amtsrecht bildete so das schwerfälligere Volksrecht fort, und zwar nicht gewaltsam, da der König ein mitwirkender Faktor bei Schaffung des Rechts stets gewesen ist.[9])

Ähnlich war es in den nordgermanischen Königreichen und

---

[1]) Wesen und Ursprung des Formalismus im altdeutschen Privatrecht, 1898, S. 33.

[2]) Peterka, S. 10.

[3]) Ähnlich das Beilager. (S. 11.)

[4]) A. a. O. S. 17, 35, 48.

[5]) S. 49.

[6]) Peterka a. a. O. S. 49. Brunner, Grundzüge, 4. Auflage 1910, S. 192, Anm. 1.

[7]) Zum Ursprung der Vermögenshaftung, Festschrift Otto Gierke 1911, S. 985. Brunner I, S. 409.

[8]) Brunner I, S. 412.

[9]) Brunner I, S. 406.

im gesteigerten Maße nach Eroberung Englands mit dem Einfluß des Königrechts auf die dort bestehenden Rechtszustände.[1])

In diesem Sinne sieht Huber[2]) die Billigkeit im deutschen Recht als dazu bestimmt an, „die Mangelhaftigkeiten des geformten Rechts nach dem Bilde eines besseren, d. h. der mit dem sittlichen Geiste harmonierenden Gerechtigkeit auszugleichen". Gerade in der engeren Verknüpfung mit der Moral soll der Gegensatz zu der sonst gleichsinnigen römischen aequitas liegen.[3]) „Zuviel Recht ist Unrecht." [4]) „Scharp recht ys scharp vnrecht." [5]) Was vor allem den Kern trifft, ist Hubers Hinweis, daß die Bildung der juristischen Normen nicht nach formallogischen Grundsätzen erfolgte, sondern „auf einer anderen Stufe der Rechtsauffassung vollzogen" wurde.[6]) Man kehrt sich aber wieder der alten Lückenbüßerauffassung zu, wenn man, wie auch schließlich Huber, zu der Erkenntnis gelangt, daß das Recht als der „mangelhafte Versuch zu formulieren, die Billigkeit aber als die Korrektur dieses Versuches nach dem Gesamtbild der Rechtsordnung", sei.[7])

Daß die Billigkeit im engeren Sinne auch im deutschen Recht zu finden ist, wird sich noch zeigen.

Wenn man die äußere Form sucht, in der sich der Gegensatz von Recht und Billigkeit darstellt, so läßt sie sich einheitlich unschwer aufweisen. Es ist im wesentlichen der Prätor, von dem im römischen Recht die Fortentwicklung ausgeht, und es sind die römischen Juristen, an denen wir die meisterhaft geübte Kunst erfahren, das Recht weiter zu gestalten, indem sie es bewahrten. Im fränkischen Recht ist es das Königsgericht, das der Mittelpunkt einer billigen Rechtsprechung wird.

3. Das englische Recht (equity).

Im englischen Recht sehen wir im Court of Chancery, dem Kanzlergericht, die Quelle der Equity. Der Gegensatz zum zähen Volks-

---

[1]) Brunner I, S. 412; ebenda ist darauf hingewiesen, daß auch mitunter diese Entwicklung auf einer gewissen Stufe erstarrte.

[2]) In Schmollers Jahrbuch für Gesetzgebung, Verwaltung und Volkswirtschaft, N. F. Bd. 20, S. 472. [3]) Ebenda S. 472.

[4]) Summum ius summa injuria.

[5]) Oldendorp Schrift über Billigkeit und Recht 1529, Zeitschr. d. Sav.-Stiftung, rom. Abt., XIV, S. 97 ff.

[6]) Huber S. 475. [7]) Huber S. 476.

recht ist es, der die Billigkeit bestimmt, der sich im Amtsrecht eine Wirkungsstätte schafft.[1]) Das germanische Recht hat in verborgener Weise seinen alten, starren Charakter gewechselt. Mit dem römischen und englischen Recht hat es jedenfalls die Verwirklichungsform, den Gegensatz von Volks- und Amtsrecht gemein, während jene beiden Rechte in ihrer historischen Entwicklung eine erstaunliche Ähnlichkeit zeigen, die um so bemerkenswerter ist, als sie sich nicht auf Beeinflussung gründet, weil ja das englische Recht ebenso wie alle Kultur des Inselreiches eine autochthone Entwicklung durchmachen konnte, die durch die günstige Lage des Landes am westlichen Rande Europas und durch seine Abgeschlossenheit als Insel bedingt war. Also ein analoger Bildungsgang wie im römischen Recht liegt hier vor, zugleich aber wie im deutschen Recht ein fester Mittelpunkt, von dem die Entwicklung ausgehen konnte. Während jedoch im römischen Recht das Hauptgewicht auf der inneren Struktur der Billigkeit beruht, die zurückführt auf die Form des induktiven Syllogismus, und im fränkischen Recht darauf, daß ein Billigkeitsgerichtshof im Königsgericht vorhanden ist, zeigt das englische Recht eine Verbindung beider. Die innere Struktur seiner Rechtsbildung ähnelt der des römischen Rechtes, und in der Chancery besteht eine positive oberste Quelle wie eine formelle Einheit.

Das Common Law steht im Gegensatz zum statute law und weiter im Gegensatz zur Equity. Diese hat ihre Quelle im Court of Chancery, dem Kanzlergericht, dessen Tätigkeit auf Edward III. zurückgreift und etwa seit dem 17. Jahrhundert nach festen Grundsätzen verfuhr. Sein Vorzug lag in seiner „Anpassungsfähigkeit an neu auftauchende Tatbestände".[2]) Im römischen Recht trat so offensichtlich hervor die organische Anwachsung der Neubildungen an das Vorhandene.[3]) Das ist im englischen Recht zu noch schärferem Ausdruck gelangt. Common Law und Equity treten streng ein-

[1]) Die equity ist im göttlichen Recht begründet (conscientia); sie steht schroff dem römischen Recht, das verpönt ist, gegenüber; Stölzel, Gelehrte Rechtsprechung II, 1910, S. 816, 818, 826. — Vgl. The laws of England, 1910, Vol. 13, S. 66 ff. The nature of equity.

[2]) Heymann in der Enzykl. von Holtzendorff-Kohler, 1904, S. 801.

[3]) Wer auch die römische aequitas vorsichtiger beurteilt, geht doch nicht daran vorüber, daß sie als Rechtsquelle fingiert wird, und so den Fortschritt der Rechtsbildung vermittelt. Krüger, Geschichte der Quellen und Literatur des römischen Rechts, 2. Aufl. 1912, S. 135 ff.: „Die aequitas . . .

ander gegenüber, viel strenger als in Rom das zivile und prätorische Recht. Aber als Wesenszug bleibt das Abbild der römischen Entwicklung bestehen, die eigenartige Entwicklung von Parallelinstituten. Ja, gerade im englischen Recht treten diese Parallelbildungen mit dem Beinamen equitable auf. „Es unterschied sich die Kanzlergerichtsbarkeit von der gemeinrechtlichen schließlich nicht mehr durch die Methode der Rechtsanwendung, sondern durch die Anerkennung einer Reihe von Rechtsinstituten und Rechtssätzen, welche von den Common Law-Gerichten verworfen wurden."[1]) Die Chancery nämlich nahm stete Rücksicht auf Präjudizien (precedents), sie formte Regeln, die schließlich starres Recht enthielten. Eine Erscheinung der Geschichte, hat sie selbst nur noch historischen Wert.[2])

Der induktive Syllogismus ist als solcher, rein logisch genommen, zeitlos. Er ist eine Beziehung von Begriffen untereinander, zunächst unabhängig von der historischen Stellung, die ein jeder Rechtsspruch in der geschichtlichen Abfolge der Ereignisse einnahm. In dieser Stellung aber ist er ein Präjudizium, ein Musterbild für künftige Rechtsprechung. So bildet sich aus der rein logischen Betätigung, aus einer Methode eine durch die Fülle und Richtlinie der Präjudizien vorgezeichnete Gestalt von neuen Instituten aus, die nun mit einem neuen Namen bezeichnet werden, in Wirklichkeit aber eine durch „emancipatio" freigelassene Art einer alten Rechtsfamilie bedeuten.

„Die Fortbildung des Rechts durch die Gerichte geschieht mit großer Vorsicht, vielfach im Wege sorgfältiger Analogie und unter Verwendung ‚der Natur der Sache'; es handelt sich keineswegs um eine unmethodische Jurisdiktion der Willkür."[3]) Die Ähnlichkeit mit der römischen aequitas erreicht damit ihren Höhepunkt.

Als Beispiele seien die Hauptformen der equity, die trusts und uses und das mortgage angeführt. Die estates sind der oberste Begriff, der im englischen Recht im allgemeinsten das Verfügungs- und Benutzungsrecht von Liegenschaften bezeichnet. Wie im römischen

ist ein verschwommener Begriff; in der Geschichte der einzelnen Rechtsinstitute entspricht er dem Fortschritte zu einer den Anforderungen der Zeit gemäßen Gestaltung."

[1]) Heymann S. 801.

[2]) Vgl. Gerland, Die Einwirkung des Richters auf die Rechtsentwicklung in England, 1910, S. 30 und Anm. 35: „Redet der Engländer noch heute von Equity, so spricht er vom Recht seiner historischen Entstehung nach."

[3]) Heymann S. 805.

Recht die unbedingte Vorschrift des zivilen Rechts Solennität der Übereignung fordert, der Prätor aber das bonitarische Eigentum ausgebildet hat, so besteht im englischen Recht der Gegensatz von legal und equitable estates. Das mortgage sei als Beispiel herangezogen. In der ältesten Form entspricht es etwa einer Hypothek mit Verfallklausel. Dem Pfandgläubiger wird regelrecht das Eigentum übertragen mit der Verabredung, daß mit der Lösung der Schuld die Rückübertragung erfolgen, der Schuldner aber bis zum Verfalltage im Besitz bleiben solle. In der reichen Ausgestaltung des Rechtslebens wird dem Schuldner die Equity of redemption, d. h. das Recht auf Einlösung des Pfandes in einer weiteren Frist von zwölf Jahren gewährt. Aber in dieser Zeit hat der Schuldner nicht das legal estate, sondern nur ein equitable estate, und da so die Möglichkeit von weiteren Pfandbestellungen gegeben ist, haben die späteren Pfandgläubiger nur ein equitable mortgage.

Diese Parallelbildung erscheint in ähnlicher Form in den Instituten der uses und trusts. Sie treten neben die förmliche Belehnung, aus mannigfachen Verkehrsbedürfnissen entstanden. Neben das legal estate feoffee tritt jetzt das equitable estate des cestui que use, des Vertrauensmannes.

Die formlose Übertragung begründete diesen Unterschied. Als in der Entwicklung dieser Rechtsform eine Änderung eintrat, insofern als dem cestui que use legal estate eingeräumt wurde, begann die erste Entwicklung von neuem, begünstigt durch „Interpretationskunststücke".[1]) Der formlose Erwerb von Liegenschaften wurde jetzt so erwirkt, daß man nur den ersten use als legales Recht ansah und man einen use upon the use, den sogenannten trust, aufnahm und mit einem equitable estate ausstattete. Es liegt gerade hier ein einwandfreier Beweis für unsere vorangeschickte allgemeine Behauptung vor.

4. Die Methode der Freirechtler im Vergleich zu der historischen Billigkeit.

Was hier dargestellt wurde, die geschichtliche Tatsache der Beherrschung einer rechtsprechenden Methode, ist interessant, wenn man es mit den Forderungen der Neuen vergleicht. Jene Tat-

[1]) Heymann, a. a. O. S. 811.

sache ist nüchtern genug, man spürt nicht mehr die Kämpfe, die sie hervorgerufen haben mochte, die Kämpfe aber, die heute entbrannt sind, mindern das Bewußtsein, daß es sich eben um eine Methode handelt, und zwar um dieselbe. Darauf ist noch einzugehen.

Kantorowicz sagt einmal, daß eine in erster Linie vom Gefühl geleitete Richtung sich der wissenschaftlichen, d. h. erkenntnistheoretischen Grundlage nicht bewußt sein könne.[1]) Indes ist, nachdem der Streit weniger erbittert geworden ist, die Notwendigkeit einer Methode eingesehen worden. Das forderte schon die Selbsterhaltung. Denn der angegriffenen Art der Rechtsprechung steht die beste wohlgeordnetste Systematik zur Seite, wenn auch diese Systematik mit Gegenstand des Angriffs ist.

Die Versuche, eine Methode zu begründen, sind nicht so zahlreich und so umfassend, daß sie der neuen Richtung einen unerschütterlichen Halt zu geben vermöchten. Das kann zwar keine Methode — da ja auch im Wahnsinn Methode sein kann —, aber ihre Notwendigkeit wird überall eingesehen, da die Nichtbeachtung jeglicher Ordnung des Wissens[2]) selbst im Lager des Freirechts nicht Billigung fand.

Wüstendörfer proklamiert folgende methodischen Grundsätze.[3]) Er scheidet Rechtsfindung aus dem Parteizweck und aus dem Gesetzeszweck.[4]) Im ersten Fall wird der Interessenzweck der Parteien ermittelt und von da aus geschlossen entweder auf die Unterordnung des Ermittlungsergebnisses unter eine Norm, oder aber auf die Norm selbst. Das eine ist mittelbare, das andere unmittelbare Rechtsfindung. Wenn man das mit Stammlers Lehre vom juristischen Syllogismus vergleicht, so wird man über die Ähnlichkeit nicht im Zweifel sein.

Bei der Rechtfindung aus dem Gesetzeszweck handele es sich darum, den Zweck der Norm selbst zu ermitteln, um auf ihren Inhalt zu schließen. Also neue Mittel der Rechtsprechung und

---

[1]) Gnäus Flavius, Der Kampf um die Rechtswissenschaft, 1906 S. 5.

[2]) Z. B. bei Fuchs. Er trat als Zertrümmerer auf, nicht als Ordner zugleich.

[3]) Arch. f. ziv. Praxis, Bd. 110, S. 255 ff.

[4]) Es handelt sich aber nicht nur um Zwecke des Gesetzes, sondern um Zwecke als Objekte. Vgl. auch Kantorowicz, Verh. d. 1. deutschen Soziologentages 1911, S. 273.

Rechtsfindung kann man hier schwer entdecken. Aber auf eine bewußtere Handhabung des Rechtzweckes hinarbeiten, dieses Ziel ist erstrebenswert. Der Unterschied zwischen der neuen und alten Lehre liegt nicht im Methodischen, sondern in der Hervorkehrung eines bestimmten Merkmals des Rechts. Solange man die naturwissenschaftliche Methode befolgte, mußte der Zweck im Rechte leiden, weil man nicht Sollenskonflikte in den Rechtsverwicklungen sah, sondern Erkenntnisprobleme. Das Naturrecht hat den Zweck aus dem Recht verjagt. Daher mutete die erste große Reaktion durch Ihering mit bewußter Betonung des Zweckes: der Zweck ist der Schöpfer des ganzen Rechts, etwas derb an. Aber heute wäre es ein Kampf mit Windmühlen. Eine wahre Rückkehr zum Naturrecht droht uns nicht. Selbst wenn man vom „Problem des natürlichen Rechts" spricht. Das bedeutet nichts anderes, als wenn die Römer „naturale est" sagten. Sie meinten damit nur: es ist zweckmäßig. Sie schauten auf den Zweck, den typischen, und bezogen alles unter ihn. Wenn man jetzt den Einblick in die Willenswirren der Menschen zu gewinnen trachtet und den Zweck höher schätzt als die Einschnürung des Lebens in steife Denkgerüste, so ist das nur ein scheinbarer Gewinn. Wenn nicht offen gesagt wird, daß die neue Methode den Zweck- oder Willensgesetzen und nur ihnen folgt, daß das Willensgesetz anderer Art ist als das Denkgesetz, und daß es aus dem Verstande und nicht aus der Vernunft geboren ist, solange kann man nicht die alte Methode erschüttern. Da heißt es: „Wortlaut des Gesetzes, analoge Anwendung", „möglichste, ja engste Anlehnung ans Gesetz", „Hineinlegung von neuem Recht ins Gesetz";[1]) und wenn es gar heißt:[2]) „grammatisch, logisch entstehungsgeschichtlich", so ist das auch nichts, was das alte System umwälzt. Was z. B. die Entstehungsgeschichte anlangt, so sollte eine neue Schule vor allem sie entlassen. Sie ist meistens u n geschichtlich.[3])

[1]) Wüstendörfer S. 271, 278, 282, 288. Man vgl. S. 340: „Analogie bedeutet eine graduelle Steigerung extensiver Auslegung." „Die Rechtsprechung gegen das Gesetzeswort ist nichts anderes als die graduelle Steigerung restriktiver Auslegung" Also die alten Mittel!

[2]) A. a. O. S. 291, 293 u. a.

[3]) Die Alten werden höchstens einmal gelobt: „Das hatte schon der alte Thöl begriffen" (Wüstendörfer S. 311). Als ob das Begreifen vom Dasein im 20. Jahrhundert abhängig wäre!

Der Rechtsausspruch soll aber innerlich an ein bestimmtes, gemeint ist objektives, Werturteil anknüpfen.[1]) Daher ist die führende Kulturschicht zu befragen, die jedoch wieder subjektiv urteilt.[2])

So bleibt das eigene Werturteil des Richters normativ, der mit „subjektiver Vernunft" verfährt. Und damit ist man glücklich wieder bei einem Worte angelangt, das ebenso ein bloßes Wort ist wie die Volksseele, selbst wenn sie sich zu einer „Volkspsyche"[3]) verfeinert.

Im historischen Prozeß des Rechtes erwies sich die Billigkeit in ihrer rechtsbildenden, entwicklungsfördernden Kraft. Sie war das Prinzip, das neue Lebenserscheinungen unter bestehende Rechtssätze fügte, ohne sie besonders kasuistisch zu normieren. Je kasuistischer ein Gesetzbuch ist, desto weniger Elastizität hat es, und desto spröder ist es gegenüber Neuentwicklungen. Desto weniger Möglichkeit besteht für umfassende Beherrschung der unaufhörlich wechselnden Besonderheiten des Lebens. Plurimae leges, pessimae civitates! Auch hier gilt dieser Satz, der schon bei Laotse,[4]) allerdings mehr im kriminalistischen Sinne, Ausdruck fand. „Je mehr Gesetze und Verordnungen publiziert werden, um so mehr Räuber und Diebe gibt es."[5]) Es ist mit alledem dasselbe gemeint, was Ihering mit seinem „Rechtsalphabet" ausdrücken will. Er sieht darin das Glück eines Volkes, das was ihm die Beherrschung des Rechtslebens ermöglicht, im Gegensatz zum Aggregat einer Überfülle von Einzelnormen. „Denn die Kombinationskunst des Lebens ist so unerschöpflich, daß die reichste Kasuistik eines Gesetzbuches ihren ewig neuen Fällen gegenüber dürftig erscheinen würde."[6]) Durch die logische Verarbeitung der Rechtssätze zu einheitlichen Begriffen sei aber jeder Fall auflösbar und wären „alle Wortbildungen des Lebens zu entziffern".[6]) Die Kenntnis der leitenden Grundsätze ist auch nach Savignys Ansicht der wichtigste Vorteil eines Gesetzbuches, weil es „für die Erzeugung der Verschiedenheiten wirklicher

---

[1]) Wüstendörfer S. 250.

[2]) A. a. O. S. 323f. Stampe, S. 17, verlangt ähnlich die Aufdeckung der beteiligten Interessenkreise. Das ist etwas Objektives.

[3]) Wüstendörfer a. a. O. S. 338.

[4]) Tao te king, Kap. 57.

[5]) So fragt auch Oldendorp in seiner Schrift über Billigkeit und Recht S. 104: „Viele Gesetze und nichts halten oder keine und ihnen folgen, was ist besser?"

[6]) Geist des römischen Rechts, I, 40f.

Fälle schlechthin keine Grenze gibt".[1]) Die begriffliche Höherführung der Einzelsätze zu Prinzipien bietet mehr Gewähr für die Lösung aller möglichen Fälle als die besondere Normierung jedes Einzelfalles, der damit wie mit einem Vorrecht vor ähnlichen ausgestattet auftritt. Die Norm soll der Typus einer Rechtslage sein, ein Zweckbild. Damit offenbart sich wieder die Notwendigkeit einer Billigkeit, die die Lücken der Norm auszufüllen hat, als gegenstandslos.

Nun handelt es sich in den besprochenen Beispielen durchaus um Vorgänge, die auf geschichtlicher Basis ruhen. Die Norm ist ein bestimmtes, beharrendes Zweckbild. Es steht im Gegensatz zu den Zweckwandlungen.[2]) Die aber vollziehen sich in unmerklichem Übergange. Nur ihre Nebenbestimmungen wechseln rascher, die Grundbeziehungen sind dauernd, und solange die in ihrem typischen Bestande verbleiben, sollen auch die Nebenbestimmungen ihrer Herrschaft unterworfen sein.

Dieser Vorgang zeigt sich vor allem bei den Völkern, die sich besonders durch ihren konservativen Charakter auszeichnen, den Römern und Engländern in zwei Entwicklungen, die ohne Beziehung zueinander — da ja das englische Recht vom römischen unberührt geblieben ist — eine gleiche Gestaltung des Rechtssystems an sich haben vollziehen müssen.

Nun ist folgende Erwägung für die vollständige Lösung unseres Problems von entscheidender Wichtigkeit. Wir kennen die Billigkeit in einer zweiten Form, in der sie ausdrücklich in alle modernen Gesetze Eingang fand.

Von der Norm als Allgemeinheit und nicht bloß als unvollkommener Verallgemeinerung nahmen wir den Ausgang. Die Norm ist ein allgemeingültiges Zweckbild.[3]) Alle Besonderheiten des Lebens, auch die seiner historischen Wandlung, in sich einzubeziehen, ist seine Direktive. Und dieses Zweckbild auch im historischen Verlauf überall da gleichsam als Diagramm hindurchzuerkennen, wo die Lebensanschauungen dem langsamen Wechsel unterworfen sind, darin sahen wir das Wesen der Billigkeit in ihrer

---

[1]) Vom Beruf unserer Zeit, 1892 (Neudr. der 3. Aufl.) S. 13.

[2]) Jellinek, Allgemeine Staatslehre, S. 43 f.

[3]) Jellinek, a. a. O. S. 326: „Juristische Schablone."

geschichtlichen Bedeutung. Aber sie hat auch eine rein logische Bedeutung, die mit den Normen nicht erst in ihrer Anwendung auf die Erfahrungswelt, sondern mit ihrer Struktur selbst verknüpft ist. Es ist die Billigkeit in ihrer engeren Erscheinung, in der sie auch mit ihrem Sprachwerte fester zusammenhängt.[1])

Jede Rechtsordnung ist geleitet von der Idee der Gerechtigkeit. Diese ist kein feststehendes inhaltlich bestimmtes Ideal, sondern eine Idee im Kantischen Sinne, ein „regulatives Prinzip". Sie ist der reine Gedanke jener Kategorie, die die immanente Bedingung alles menschlichen Zusammenlebens ist. Da sie also nur ein formales Prinzip ist, kann sie in der Erfahrung gegenständlich nicht aufgewiesen, sondern immer nur als das die Gegenstände formende Element auf analytischem Wege gefunden werden. Nun gibt es aber Beziehungen, d. h. rechtliche Zweckverbindungen, bei denen, weil sie rechtlich sind, nur eben jenes formale Prinzip unzweifelhaft bleibt, aber wegen der Flüssigkeit und Individualität der gegenständlichen Tatsachen ein Inhalt erst gefunden werden muß. Wir sehen oft auf den „wichtigen Grund", das „Tunliche" usw. verwiesen. Überall nun da, wo in dem Wogen der Lebensverhältnisse eine eindeutige Konstellation nicht zu erblicken ist, und wo der Grund in der Relativität von Maß und Zahl liegt, sprechen wir von Billigkeit, wenn es auch nicht ganz korrekt ist, für alle untypische Merkmale enthaltenden Rechtssätze billige[2]) Entscheidung im wahrsten Sinne des Wortes zu fordern.

Es wird vielmehr vor der genauen Abgrenzung des Begriffes notwendig sein, der dargelegten Erscheinung nachzugehen, weil man sie am besten mit einem Wort verbinden kann, das in letzter Zeit einer ganzen Richtung den Namen gab, das „freie Recht".

---

[1]) S. 8ff. dieser Abhandlung.

[2]) So will es W. Jellinek, Gesetz, Gesetzesanwendung und Zweckmäßigkeitserwägung, 1913, S. 72. Er definiert: „Billigkeit bedeutet gerechte Abwägung entgegenstehender Interessen nach den Wertungen der Gesellschaft." Das geht zu weit. Ebenso wenn die B. die „objektive Erscheinungsform der Gerechtigkeit" sein soll. Denn das ist alles richtiges Recht. Es ist auch zu viel zu sagen, daß „guter Glaube", „gute Sitten", „Treu und Glaube" billiges Recht sei; Sturm, S. 165; ebenso wie es zu wenig ist zu sagen, daß sie von Fall zu Fall entscheide (ibidem). Davon noch später.

3. Abschnitt.

Die Billigkeit im Rahmen der Normen (Allgemeines).

1. Der Begriff des „freien Rechts".

Das freie Recht ist noch nicht zum System ausgestaltet worden, auch nicht von den Freirechtlern. Unter dem Schlagwort Freies Recht scharen sich die verschiedensten Auffassungen, die nur das eine Band des Neuerungsdranges umschließt. Das Wort ist weit genug, um durch die Möglichkeit mannigfacher Deutungen die Macht zu vereinigen ausüben zu können. Denn welcher Gegensatz besteht zwischen der grundsätzlichen Auffassung von Kantorowicz und Fuchs, und wie unterscheidet sich wieder von diesen beiden Stampe, bei dessen Deduktion man an die Methode der Begriffsjurisprudenz im besten Sinne erinnert wird. Wie ja überhaupt die Mehrzahl der Freirechtskundigen ihre Methode mit den verworfenen Mitteln ihrer Gegner begründet, mit Begriffen.

So tiefe Gegensätze unter den Angehörigen einer Richtung müssen den Gedanken herausfordern, daß der Begriff „freies Recht" in verschiedener Bedeutung gemeint wird. Der Versuch einer Wortdefinition stellt vor folgende Möglichkeiten. Freies Recht bedeutet Freiheit für das Recht, d. h. Ausschaltung aller Neigungen, die der Verwirklichung von Rechtssätzen Zwang antun. Nur die Grundgedanken dürfen das Recht leiten, die ihm — und das festzustellen ist eine Sonderaufgabe — immanent sind. So könnte man sagen, daß die formale Logik nicht anwendbar ist für die Erkenntnis des Rechts, sondern lediglich für die Beurteilung des erkannten Rechts. Die aufständischen Tendenzen mancher Heißsporne der Jurisprudenz führen zum Hinauswachsen einer Forderung über sich selbst, aus der Freiheit für etwas kommt es zur Freiheit von etwas. Es kann niemand leugnen, daß das Verlangen, Recht brechen zu können, vom Recht sich loszumachen, eine leicht drohende und auch wirklich gewordene Gefahr ist. Es liegt vielleicht im „Zug" der Zeit, in dem also, was vorüberzieht. Die freie Religion, die zum Bestand „moderner" Errungenschaften gehört, will zunächst Freiheit von der Dogmatik. Sie artet dann aus zur Freiheit von sich selbst. Denn mancher Irreligiöse verbirgt sein Negativum, indem er sich freireligiös nennt.[1])

Diese Art des freien Rechts ist in dem Gebot der Abgrenzung begründet. Für das Recht Eigenwuchs zu verlangen, ist man gewohnt, seitdem es sich von Religion und Ethik schied, und mit dieser selbsttätigen Differenzierung wollen wir auch unser Anrecht auf Aufrechterhaltung der Scheidung nicht aufgeben. Nur vom Rechte selbst kann sich das Recht nicht emanzipieren, das ist eine Tragik, an der auch der Mensch und alles Menschliche leidet.

Die selbstverständliche Forderung der Freiheit für das Recht — innerhalb der Grenzen, die nicht über das Gebiet des Rechts hinausweisen — kann nicht der Grund sein für eine freie Rechtswissenschaft. Es muß noch eine andere Auffassung des Begriffs Freies Recht möglich sein, die so zu gewinnen ist:

Freiheit ist ein negativer Begriff. Freisein bedeutet nicht an etwas gebunden sein, selbständig sein. Das Recht, das nicht von Religion, Sitte, Moral abhängig ist, ist frei. D. h. nur die Selbständigkeit einer Disziplin anerkennen. Insofern besteht die Forderung der Freiheit lediglich als Beziehung und als eine Forderung, also ein Postulat. Insofern rede ich vom freien Recht als etwas Subjektivem. Daneben besteht aber objektiv freies Recht, dasjenige, das nach einem bestimmten Kriterium wissenschaftlich vom nicht freien Recht geschieden ist. Der Gegensatz ist logischerweise gebundenes Recht.

Nach dieser Wortbegrenzung ist die begriffliche Deutung des freien Rechts präzisiert. Man muß im Gebiet des Rechtes selbst bleiben. Das Gesetz wird zum Maßstab gewählt. Durch Gesetz geformtes Recht ist das gebundene. Das aber, das vom Gesetz nicht erfaßt ist, ist freies Recht. Es besteht derselbe Gegensatz, wie etwa zwischen freier und gebundener Wärme in der Naturwissenschaft. So angesehen, kann das freie Recht allein ein Problem, das den Namen verdient, bedeuten. Dessen Lösung ist nicht bestimmten Zeiten eigentümlich. Es ist ein Problem, das ist, sobald Recht ist.[2])

---

[1]) Gnäus Flavius (S. 13) nimmt die Analogie des Freireligiösen für das freie Recht in der Tat in Anspruch!

[2]) Jung (Das Problem des natürlichen Rechts S. 43) will die neue Rechtsquellenlehre so auffassen. Ihr Kern sei „im Grunde ganz einfach die Anerkennung der Tatsache, daß nur ein Teil der für das

Dieses Problem, sofern es wirklich besteht, ist nicht neu, sofern es aber „modern", ein mehrdeutiger Kampfruf, ist es kein Problem. Die weite und allen möglichen Deutungen Zuflucht gewährende Fassung des Begriffs schließt eine markante und daher auch eine klare Lösung aus. Mit der Verengerung der Problemgrenzen ist eine Verkürzung des wissenschaftlichen Gesichtsfeldes herbeigeführt, aber die Unübersehbarkeit des Vielen ersetzt durch die Möglichkeit der Erkenntnis des Geringen, jedoch Bestimmten. Und von da kommt man auch zum Sehen des Mehreren.

Mit dem Begriff des freien, d. h. durch Gesetz nicht gebundenen Rechts steht man auf fest begrenztem Boden. Und jetzt kann man Provinzen bilden. Zum freien Recht gehört das nicht bindbare Recht, das wieder wie alles Recht

1. als ungeformtes Gewohnheitsrecht bestehen,
2. durch Gesetz umschrieben sein kann.

Doch nur diesem zweiten Wissenschaftsfelde, das nach jeder Richtung abgesteckt erscheint, gilt alle folgende Betrachtung.[1])

Dieses Recht ist also Gesetzesrecht; aber nur insofern, als eine Umrißlinie vom Gesetze gezogen ist. Der Rechtsinhalt selbst in seiner konkreten Gestalt wird durch den Rechtsspruch jedesmal erst geschaffen.

Die Erkenntnis dieser Bedeutung des freien Rechts ist nicht neu. Der eine spricht von Ventilbestimmung,[2]) ein anderer von der Billigkeit,[3]) ein dritter vom richterlichen Ermessen.[4])

Rechtsleben notwendigen Einzelaussagen durch Deduktion aus vorhandenen Allgemeinsätzen auf dem Wege der Subsumtion gewonnen werden kann; daß ... in zahlreichen Fällen die Entscheidung ... auf anderem Wege gewonnen werden muß. Vielleicht wäre dafür der Name induktive Rechtsfindung der beste." Mit induktiv ist hier natürlich unmittelbar gemeint. Also der unmittelbare Syllogismus. Vgl. hierzu „Recht und Wirtschaft" 1913: Die Induktion im Recht S. 328 ff.

[1]) Dieser Scheidung entspricht der Gegensatz von Fallrecht und Regelrecht; Neukamp DJZ. 1912, S. 44 ff.: Der gegenwärtige Stand der Freirechtsbewegung. — Wenn das freie Recht auch nicht die gebührende Beachtung gefunden hat, so ist doch Schmölder, wie er S. 21 behauptet, nicht völlig einsam mit dem Gedanken, „daß das Recht einen satzlosen Bestandteil habe."

[2]) Fuchs. [3]) Schmölder.

[4]) Zu nennen als erhebliche Vorarbeit auf diesem Gebiet ist Stammlers Praxis des richtigen Rechts in der Lehre vom richtigen Recht. — Literatur:

Um den Kern noch einmal zu kennzeichnen:

Freies Recht bedeutet nicht die abhängige Stellung des Rechts zu irgendeinem anderen Kulturwert oder zu einer gewaltsamen Methode, sondern es handelt sich um eine interne Rechtsfrage, nicht um die Behandlung des Rechts, sondern um seine Wesensart in der Richtung seiner Formulierbarkeit.[1])

Wie haben die Freirechtler diese Frage mit Bezug auf den Begriff Billigkeit im besonderen behandelt?

Der Begriff Billigkeit bedeutet zunächst bei den Freirechtlern verschiedenes. Dem einen ist er nichts — höchstens etwas, wovor man sich in acht nehmen muß — dem anderen alles.[2])

Auf das Wort kommt es aber hier nicht an, weil der Sache nach von ihnen etwas gedacht wird, was in der Geschichte immer einen bestimmten Ausdruck erlangt hat. Andere oft durch Leidenschaft verzerrte Worte umschreiben mit ihrem neuen Klang eine alte Kunde. Es handelt sich um gerade das, was die historische Funktion der Billigkeit genannt wurde. Die Freirechtler knüpfen auch gern an die Methode der alten Römer an, weil sie deren Art wie die eigene empfinden. Nur sollte man die genaue Begründung nicht fehlen lassen und nicht das Ziel überholen, um es sicherer als erreicht anzusehen. Um wieviel eindrucksvoller wäre es, wenn man auf die erprobten Künste wiese, die uns die historischen, angeblich überlebten Rechtsordnungen offenbaren. Was das römische, das englische Recht allenthalben aufweist, das unterscheidet sich nicht um das geringste von dem, was man „antiüberkonstruktionistisch" nennt.[3])

Schmölder, Die Billigkeit als Grundlage des bürgerlichen Rechts 1907; Stier-Somlo, Das freie Ermessen in Rechtsprechung und Verwaltung 1908; von Laun, Das freie Ermessen und seine Grenzen 1910; W. Jellinek, Gesetz, Gesetzesanwendung und Zweckmäßigkeitserwägung 1913.

[1]) Jung sagt S. 121f. in gleicher Absicht: „Billigkeit ist die unmittelbar aus der isolierten Betrachtung entsprungene Aussage über Recht oder Unrecht." Vgl. auch S. 314. Das was Jung meint, würde allgemein freies Recht sein.

[2]) Vgl. Wüstendörfer allenthalben und dagegen die Leitsätze von Fuchs im Juristischen Kulturkampf 1912, S. 6.

[3]) Die Sprache wird karikiert, man schwelgt in Antithesen, die zugleich von „. . . ismen, . . . istisch" gesättigt sind. Vgl. Wüstendörfer S. 222: „. . . dort allein Herrschaft des Intellektualismus, hier voluntaristische Realpolitik der Rechtsempfindung!"

Welche Bescheidenheit liegt da in dem römischen quasi, im englischen aequitable. Ein stummes Erinnern an stets geübte Taten, deren Merkmal zu einer Kategorie des rechtlichen Geschehens überhaupt geworden zu sein scheint, überhebt der Mühe, den Gewittergott unseres Rechtslebens zu spielen. Ein schlichter, Geschichte verstehender Hinweis genügt. Aber warum wieder Analogie, restriktive und extensive Interpretation, argumentum e contrario usw.?[1]) Das Erfassen des juristischen Zweckbildes ist keine Tätigkeit des logischen Schließens. Mehr Verstand, weniger Vernunft! Der induktive Schluß ist leicht zu vollziehen. Das Zweckbild erschauen, das fordert Verstand. Das Verständnis wecken, und das Vernünfteln unterdrücken ist Gebot.

Aber die Freirechtler machen Halt, da wo ihr Name sie ins Gewissen mahnt. Sie kümmern sich nicht um das freie Recht und kennen nicht die Billigkeit als eine Form dieses freien Rechts. Sie wollen das bedrückende Recht vernichten, etwas vom Rechte frei machen.

Also das Wort Billigkeit kann man ruhig gebrauchen, wenn man sich gewiß ist, in welch engem Sinne man es anwenden darf. Historisches Verständnis und Einsicht in die Struktur der Normen sind die Voraussetzung und das beste Regulativ der Anwendung. Jenes offenkundige Verfahren schmiegt man an ein Wort an, das dem Rechtsboden entstammend dazu bestimmt sein sollte, einen allgemeinen Wert zu versinnbildlichen. Aber man könnte die Billigkeit in der historischen Form ebensogut anders benennen, denn im engeren Sinne ist sie etwas Bestimmteres, gehört sie ins freie Recht.

Auf dieser Grundlage erwächst die positive Aufgabe, den Begriff der Billigkeit als einer besonderen Erscheinungsform des „freien Rechts" zu bestimmen.[2])

2. Ergebnisse der bisherigen Literatur.

Stammler findet es interessant, daß unser BGB. überall da die Billigkeit nennt, „wo es sich um das Ziehen einer Grenze zwischen zwei Streitteilen handelt, die durch ein für beide Teile ganz unbestimmtes Gebiet zu legen ist",[3]) ohne eine Erklärung

---

[1]) Wüstendörfer S. 289, 340.

[2]) Über Billigkeit und Freirecht vgl. Brie, Arch. f. Rechts- und Wirtsch.-Phil. III, 1910, S. 529ff.

[3]) R. R. S. 41.

dafür geben zu können. Es ist allerdings interessant, daß der Gesetzgeber hier, wenn auch unbewußt, an den sprachlichen Ursprung des Wortes angeknüpft hat, denn darin liegt die Erklärung für jene auffällige Tatsache.

Hier erreichen wir im Verlauf unserer Erörterungen wieder den Anschluß an die Sprache, von der wir ausgegangen waren. Die bil war ja das Spaltende, Teilende; als solches ersteht sie wieder in den modernen Gesetzen. Ursprünglich das, was überhaupt zwischen den Interessen der Zusammenlebenden schied und so zur Bezeichnung von Recht wurde, wird es jetzt angewandt überall da, wo ein „unbestimmtes Gebiet" zu spalten ist, unbestimmt, weil Maß und Zahl wegen ihrer unfaßbaren Relativität[1]) die Gefahr allzu willkürlicher Begrenzung herbeiführten, wenn sie normiert wären.

Ihren Grund hat also die Billigkeit an dem Mangel einer ausgeprägten Erscheinungsform; ihre Wirkungsweise ist bestimmt von dem Grundgedanken des Rechtes selbst, dem Gesetz der Gemeinschaft, der gleichwertigen Spaltung der Interessen. „Billicheyt ys des gesettes vnbeschreue schrotwacht."[2])

Einiges aus der Literatur sei noch besprochen. So hat Herbert Meyer in seiner Schrift „Das Publizitätsprinzip im deutschen bürgerlichen Recht"[3]) in anderer Ausdrucksweise den Gegensatz des gebundenen und freien Rechts streng betont. Im Anschluß an Goethes Wort: „Eine geistige Form wird keineswegs verkürzt, wenn sie in der Erscheinung hervortritt" prägt er den Ausdruck „relative Gerechtigkeit" und versteht darunter die typische Rechtsgestalt, die die innere Form, die Idee, in der Erfahrungswelt ausbildet. Nur der Typus kann Inhalt einer Rechtsnorm sein.[4])

Es ist im historischen Teil unserer Abhandlung durch die Art der Erörterung klar geworden und durch den rechtsphilosophischen erwiesen, daß wir eine Korrektur des gegebenen Rechtes durch die Billigkeit, etwa weil den Rechtssätzen immanente Unvollkommen-

---

[1]) Schmölder, Die Billigkeit, S. 137: „... Ziffernmäßige Unbestimmtheit."

[2]) Oldendorp a. a. O. S. 105.

[3]) 1909, Fischers Abhandlungen zum Privatrecht und Zivilprozeß 18, 2.

[4]) Anders Schmölder, a. a. O. S. 55: „Es sei falsch, die Erscheinungsform zum Träger des inneren Wesens zu machen."

heiten anhafteten, zurückweisen müssen. Aber wenn auch als Korrektur, so ist doch nicht die Billigkeit überhaupt aus dem Recht verwiesen. In ihrer allgemeinsten Bedeutung allerdings, wie es am römischen und englischen Recht sich zeigte, werden wir sie nicht entbehren können. Und wenn man sie in dieser Bedeutung nicht gelten lassen will, sondern sie mit dem induktiven juristischen Schlusse gleichsetzt, so bliebe nur ein Streit um Worte übrig. Es steht nur fest, daß dieses Verfahren in der historischen Rechtsgestaltung als Billigkeit bezeichnet ward.

Die kundbare Form stellt sich dar als der Erscheinungstypus der Idee. So schafft sie auch Recht und läßt den Erwerb vom Nichtberechtigten originär zum Vollrecht erstarken. Die Ausschließung des Erwerbes vom Nichteigentümer bei einer gestohlenen oder verlorenen Sache entspricht ebenso dem Typus,[1]) wie die Zuwendung des Eigentums sonst an der Fahrnis, falls der gute Glaube vorhanden ist. Es ist damit allgemein der Publizitätsgedanke ausgesprochen als typische Verwirklichung der Gerechtigkeitsidee.[2]) Im formell strengen Recht ist es die Publizität (§§ 794, 892 BGB.), sonst als widerlegbare Vermutung, überall aber, wo ein dritter gleichsam als Verkörperung der Öffentlichkeit hinzutritt. Deshalb hat die Publizitätsform vor allem ihre Stellung im dinglichen Recht.

Aber da, wo ein einheitliches typisches Bild nicht erkennbar ist, wo kein Typus hindurcherscheint,[3]) tritt erst die Billigkeit in ihr Recht, als Recht. Alle diese Erscheinungen können wir in ihrem geschichtlichen Verlauf von ihrer unvollkommenen Ausbildung bis zur deutlichen Ausprägung in unseren modernen Gesetzbüchern erkennen.

3. Historische Hinweise.

a) Früheres Recht.

Schon im deutschen Recht ist diese Form der Billigkeit zu finden. Der Ausdruck „sich mit minnen vereinen" aus Sachsenspiegel III, 15,

[1]) Meyer S. 84.

[2]) Stampe, S. 73 spricht vom Pfandbesitz als sozialem Postulat der Publizität.

[3]) Vgl. Schmölder, S. 62 a. a. O.: „Nebel begrifflicher Unentschiedenheit." W. Jellinek, Gesetz, Gesetzesanwendung usw. 1913, S. 194: Die nach Billigkeit zu entscheidenden Fälle entbehren meist der typischen Beschaffenheit.

§ 1 kehrt in anderer Form in der Wendung „auf gleich" wieder, und da bedeutet sie dasselbe wie aequum.[1]) Der synonyme Gebrauch von gleich und recht aber beweist, daß hier von einer Vorherrschaft des baren Gefühls nicht gesprochen werden kann. Wir haben darin einen anderen Ausdruck für Billigkeit zu erblicken, die auch tatsächlich mit der Formel recht und gleich verbunden auftritt. Nun aber wird das lik oder gleich oft an die Stelle von minne gesetzt und damit zunächst die Beziehung zum Recht enger geknüpft, aber zugleich ersichtlich gemacht, daß die Billigkeit, die sich hier nur unter anderen Wendungen verbirgt, „nicht wie das Recht an die gerade Richtschnur gebunden" bleibt, sondern da eingesetzt wird, wo eine solche Richtschnur nicht allgemein angelegt werden kann. Außerdem aber bleibt so die Billigkeit mit jenem Prinzip des „Gleichen" in Fühlung, das wir mit ihrem Wesen eng verbunden wissen. Es liegt „im lik ein gewisses den Ausgang leitendes Moment: das Wohlmaß, eine beiderseitige Befriedigung, eine solche Ausgleichung der Ansprüche".[2])

So findet sich auch die Stelle:

zor billicheit nac dem befinden zu stellen.[3])

Die Hervorkehrung einer Billigkeitspflege im wahrsten Sinne des Begriffes ist nach Stölzels Darstellung besonders durch Melchior von Osse im 16. Jahrhundert gefördert worden.[4])

Osse wendet sich gegen die Freirechtlerei von damals,[5]) daß man „die Schärfe des Rechts mit der Billigkeit und Äquität des

---

[1]) Vgl. Stölzel, Gelehrte Rechtsprechung II (1910), S. 791. Hier wird § 93 ZPO. originell ausgelegt. Die Auferlegung der Kosten an den Kläger trotz seines Obsiegens ist die Strafe für den Mangel an „guete".

[2]) Homeyer, Abh. d. Kgl. Akad. d. Wiss. Berlin, 1866, S. 32.

[3]) Stölzel, Entwicklung der gelehrten Rechtsprechung S. 205f., 519: Güteversuch = Sühneversuch.

[4]) Stölzel a. a. O. S. 517, 787ff., ferner Festgabe der DJZ. zum 500jährigen Jubiläum der Universität Leipzig 1909.

[5]) „Andere wollen alle gemeinen Rechte abschaffen und abtun und davor ein willkürlich Recht, ius arbitrarium, annehmen, damit jede Obrigkeit und Befehlshaber die Untertanen entscheide nach bestem Verständnis und wie solches sie gleich und billig dünket, damit man weder Urteiler noch Doktoren und Advokaten bedürfe, sagen auch, es sei in Landen nie baß gestanden, als da man der Leute Vortrag gehabt und Sachen nach laieschem und Reuterverstande verrichtet. Dieß ist aber nicht allein eine ungütige, sondern eine teuflische Meinung, dadurch alle gute und wohl-

Verstandes der Laien vermischen" solle. Das erklärt er für unzulässig. „Die Rechte an sich, wenn sie vernünftig, fließen schon aus dem Quell der Billigkeit her." Osse kennt aber noch eine andere Bedeutung der Billigkeit:

„Wird etwas in das Ermessen des Richters gestellt, so hat er der Billigkeit nachzugehen."

Fast wörtlich lautet so Art. 3 des Schweiz. ZGB. So wird der Güteversuch, Sühneversuch als zweckmäßig erfordert. „Der gütliche Ausgleich der Streithändel lag von alters her im germanischen Blute."

Diese ganze Art erinnert an das römische arbitrium. Wir finden gerade im römischen Recht die Urteilsform ex aequitate in blühendster Weise entwickelt. Die arbitratio, die den Bestimmungen unseres BGB. (§§ 315ff.) entspricht, weist von sich aus hin auf ein Prinzip, das die gleichgewichtige Abwägung gegenseitiger Ansprüche verbürgen kann. Es ist ein glücklicher Ausdruck, mit dem Voigt den Richter bei dem arbitrium litis aestimandae als „offiziellen Taxator" bezeichnet.[1])

Aber wesentlich einmal für das Verständnis unserer Rechtsform, dann zur Beleuchtung unseres Prinzips überhaupt sind alle jene Rechtssätze, die den äußeren Rahmen allgemein begrenzen, die inhaltliche Bestimmung aber der aequitas überlassen. Es sind das meistens von Zahl und Maß abhängige Normen. Wir wissen, daß die leichte Injurie in Rom mit 25 As gebüßt wurde, und daß nach den berüchtigten Ohrfeigen des Veratius die Strafbestimmung ex bono et aequo erfolgte, weil die Relativität der Zahl indes zu unhaltbaren Folgen geführt hatte. So ergibt sich die Fülle aller jener Normen, deren Existenz auf das ius, deren Inhalt auf die aequitas gestützt wurde.[2]) Hierher gehören all die Klagen, in denen die Formel arbitratu tuo aufgenommen ist, also die actiones

---

geordnete Regimente zerrüttet werden, eine Seuche ... Aristoteles und andere witzige Leute haben dagegen gekämpft, auch Solon und Sokrates sind des Zeugen. Kommt ein solches arbitraires Recht in ein Land, da ein jeglicher nach seinem Willen und Verstand regieren möchte, so werden mancherlei und soviel Rechte als Köpfe in der Regierung. Es erfolgt Spaltung und Zerrüttung, nie ist ein solches Regiment glückselig gewesen, nie hat es lange bestanden, jämmerlich ist es zu Boden gegangen. Dieß lehrt die Geschichte ..."

[1]) III, S. 793. [2]) Voigt III, S. 782.

arbitrariae und die condemnationes cum taxatione. Als ein konkretes Beispiel ist die actio rei uxoriae zu nennen (eine bonae fidei actio, J. 4, 6, 30 und D. 16, 3, 31), weil in ihr die Formel „quod aequius melius“ die älteste offizielle Anwendung von aequum et bonum zu sein scheint.[1]) Bei uns steht in gleicher Linie etwa § 847 BGB., während die sogenannten actiones in aequum et bonum conceptae (D. 47, 12, 10 und D. 21, 1, 42) ihre analoge Form in unseren §§ 315ff. finden. Immer, das müssen wir annehmen, lag in der aequitas eine objektive Rechtsbestimmung, ehe sie mit dem Verfall der klassischen Entscheidungskunst in ein bloßes Gefühlsurteil ausartete, dem jene Verordnung aus Inst. 4, 17 pr. entgegentreten mußte: imprimis illud observare debet iudex, ne aliter iudicet, quam legibus ... probatum est.

b) Das moderne Recht.

Die Billigkeit bleibt nun lange Zeit mit dem Zeichen des Unsicheren behaftet, bis sie in festerer Form wieder erstand, nachdem sie einen erfolgreichen Kampf gegen ihren alten für das Recht gefährlichen Makel bestanden hatte. Die Beratung des deutschen Bürgerlichen Gesetzbuches hatte den Streit aus Veranlassung des § 752 des zweiten Entwurfes hervorgerufen, und hier ist deutlich der Eingangs[2]) betonte Gegensatz der Meinungen über die Billigkeit zu erkennen. Die Protokolle[3]) geben Kunde von diesem Zwiespalt. Die Minderheit sieht durch die Verweisung auf die Billigkeit den Boden des Rechtes verlassen und ein Gebiet beschritten, „auf dem nicht mehr die festen Begriffe des Rechts“ den Ausschlag gaben. Dagegen wendet sich in verständiger Erwägung die Mehrheit, die die Leistung der Billigkeit streng der Erfüllung aus Großmut gegenüberstellt, weil der Berechtigte sie nicht als Geschenk bekommen solle, sondern auf „Grund seines Rechtes“ verlangen könne.[4])

Gehen wir nun mit unseren Voraussetzungen an die Fakta der Normen heran, die die Billigkeit als Bestimmungsmerkmal verwenden, so bietet der § 829 BGB. in seiner Geschichte und seinem Wesen die beste Bestätigung und deutlichste Illustration unserer Meinung.

---

[1]) Voigt III, S. 693.
[2]) S. 5f. dieser Abh.
[3]) II 585ff.
[4]) S. 589.

Am § 752 des 2. Entw. knüpfen die Gegensätze an, und beide Parteien stützen sich auf die moderne Gesetzgebung.[1]) „Die angeblich höhere Gerechtigkeit oder Billigkeit“ werden verworren durcheinander geworfen und ihre Ablehnung auf das Vorbild des gemeinen, französischen und sächsischen Rechts gegründet. Das starre Festhalten am Verschuldungsprinzip leidet keine „Reminiszenzen“ an das ältere deutsche Recht; als ob ein deutsches Gesetzbuch sich seiner geschichtlichen Grundlage nicht erinnern dürfte. Aber mit mehr Recht verweist die entgegengesetzte Richtung auf die moderne Gesetzgebung. Denn sowohl das allgemeine Landrecht als auch das österreichische Gesetzbuch hatten Bestimmungen über die strittige Frage, und das sächsische Gesetzbuch hatte sie wenigstens erwogen. Das österreichische a. BGB. statuierte in § 1310 eine Ausnahme von dem im § 1306 allgemein anerkannten Verschuldungsprinzip für den Fall, daß der Beschädigte die Verteidigung unterlassen hat oder mit Rücksicht auf das Vermögen des Schädigers der ganze Ersatz oder ein billiger Teil davon erforderlich erscheint. Das ALR. hat ebenfalls in I, 6, 41 ff. die subsidiäre Haftung Willensunfähiger mit dem eigenen Vermögen angeordnet. Der Gegensatz von reich und arm, die Vermögenslage scheint der vorschwebende Tatbestand für diese Art von Haftungsbegründung zu sein, aber damit wird in der Tat nur „die große Masse der einschlagenden Fälle getroffen“.[2]) Das kommt auch zum Ausdruck in den Prot.[3]): „Die Fälle, in denen der eine der Beteiligten reich, der andere arm sei, bilden nicht die Regel; es seien vielmehr in den Vermögensbeziehungen der Beteiligten so viele Abstufungen und Nuancen denkbar, daß in der Mehrzahl der Fälle sich kaum ein sicherer Anhaltspunkt dafür finden lassen werde, wer von den Beteiligten am leichtesten die Folgen der von keiner Seite verschuldeten Schadenzufügung tragen könne.“ Das österreichische Gesetzbuch hat ja auch im § 1310 ein Beispiel dafür gegeben, das jenseits jedes Vermögenswertes liegt. Alle diese Fälle nun hat schließlich der Gesetzgeber im § 829 unter das Prinzip der Billigkeit gestellt und sich nicht gescheut, den Richter seine Stelle in einem gewissen Rahmen vertreten zu lassen. Den Widerstand, den dieser Versuch, daß „man gewissermaßen die Aufgaben des

---

[1]) Mot. II, 734 und Prot. II, 589.

[2]) Hedemann S. 116. [3]) II, S. 588.

Gesetzgebers dem Richter überlasse",[1]) hervorrief, überwand die weitherzige Anschauung, „daß man dem Richter solch schwierige Aufgabe zuweisen und daß man Vertrauen zu einer dem gesunden Rechtsgefühl, — d. h. wohl der Rechtsordnung selbst, — entsprechenden Entscheidung haben dürfe". „Jedenfalls gehe es nicht an, den von dem Rechtsbewußtsein verlangten Ersatzanspruch deshalb auszuschließen, weil der Gesetzgeber ihn nicht auszugestalten vermöge."[2]) Es liegt in diesen Worten die einsichtige Erkenntnis, daß der Gesetzgeber in der Tat gewisse Rechtserscheinungen als unnormierbar ansehen muß, und das liegt nicht an der Person, sondern an der Sache. Nur die äußere Umgrenzung ist ihm sichtbar, die nähere Bezeichnung fester Merkmale aber verschließt sich ihm vor der unermeßlichen Fülle der Variationen. Das lebendige Wogen kann man nicht mit einer einzigen Linie nachzeichnen und darin erstarren lassen. Das wäre Gewaltsamkeit und gäbe nicht das Charakteristische wieder. Dieses Charakteristische aber ist hier nicht allgemein, sondern nur im einzelnen faßbar. Darum herrscht in einem solchen Rechtsbezirk das Prinzip der Billigkeit. Ihr Grund ist die untypische Rechtslage, ihr Verfahren geht vonstatten nach dem Grundsatz der Gemeinschaft. Hier bleibt dem Richter „die Freiheit des Augenmaßes".[3])

4. Definition.

Ungezwungen werden sich die Vorschriften des Bürgerlichen Gesetzbuches, die auf die Billigkeit verweisen, dem hier festgestellten Grundprinzip unterordnen lassen, das so formuliert werden mag:

Die Billigkeit ist die Anwendung des obersten Rechtsgedankens auf die Fälle freien Rechts, in denen eine gemeinschaftliche Sphäre zerlegt werden muß in die scharf umrissenen Einzelbefugnisse.

Hierbei sind zwei Fragen zu erörtern:

I. Liegt die obige Begriffsbestimmung der Billigkeit den in unseren Gesetzen normierten Fällen zugrunde?

II. Bietet sie objektive Brauchbarkeit?

Die erste Frage ist nicht unbedingt zu bejahen. Betrachtet man vor allem die Fälle, die das BGB. enthält, so lassen sich nicht alle restlos unter demselben Gedanken vereinigen.

---

[1]) II, S. 185. [2]) S. 590. [3]) W. Jellinek, a. a. O. S. 53.

Der Hauptfall ist aus § 920 BGB. zu entnehmen; hier ist er deutlich wie nirgends gekennzeichnet. Unter den gleichen Gesichtspunkt fallen die allgemein auf billiges Recht verweisenden Bestimmungen der §§ 315ff. BGB.

Gegenüber stehen dieser Gruppe der Fall des § 745 und die ihm ähnlichen Fälle.

4. Abschnitt.

Die Praxis der Billigkeit.

I. Kasuistik; Rechtsprechung.

In § 920 handelt es sich um eine Streitgemeinschaft. Der Zufall, die Ungewißheit über gewisse Tatsachen führt mehrere zusammen. Jeder drängt sein Interesse vor. Es erhebt sich freilich immer erst die natürliche Frage nach konkreten Vereinbarungen, aus denen die Rechtslage bestimmt oder bestimmbar wäre. Erst wenn ein solcher Anhalt fehlt, wird aus dem obersten Gedanken des Rechts — wie bei allem *freien* Recht — geurteilt, und zwar so, daß aus der ungeteilten Gemeinschaftssphäre scharf umrissene Individualerscheinungen auseinanderstreben. Darin liegt die Besonderheit des *billigen* Rechts.

Von diesem natürlichen Fall wird man zu den ähnlichen Fällen der §§ 315 und 317 BGB. geführt. Der Unterschied liegt allein darin, daß das zu teilende Gebiet nicht *real* ist, sondern ein rechtlicher Gedankeninhalt.

Prinzipiell sind die Fälle des § 315 und des § 317 zu scheiden. Wenn sie auch zusammen das Schema für eine besondere Gruppe sind.

Ein Vertrag ist erst durch die nach allen Richtungen fest umgrenzte Leistung inhaltlich genügend bestimmt. Durch die Relation: Berechtigter — Verpflichteter ist nur ein Rahmen für rechtliche Wirkungen geschaffen. Das Gesetz sieht es aber für hinreichend an, daß eine Verpflichtung begründet wird, deren Differenzierung vorbehalten bleibt.[1])

---

[1]) Vgl. die interessante Entscheidung des RG. V, 567/12 (Urt. v. 3. 5. 13). Soll eine Bestimmung erfolgen auf Grund eines Vertrages, der der Form des § 313 unterliegt, dann erfolgt die Bestimmung (gemäß § 315) *formfrei*.

Soweit das der Fall ist, sind die Kontrahenten zu einer Art ungeteilter Gemeinschaft verbunden. Diese gilt es dann in die Individualbefugnisse und -verpflichtungen zu scheiden.

Was Objekt eines solchen Vorbehaltes sein kann, sagt das Gesetz ausdrücklich. Es muß eine „Leistung" sein.[1]) Was Leistung ist, geht wieder aus § 241 BGB. hervor. Das Reichsgericht[2]) hat auch auf die Umstände, unter denen die Leistung zu erfolgen hat, den § 314 bezogen. Dieser Rechtssatz soll z. B. auch Anwendung finden für die Bestimmung des Zeitpunktes der Leistung. So allgemein dürfte diese erweiterte Anwendung des § 315 nicht richtig sein. Nur wenn der Zeitpunkt der Leistung wesentlich deren Inhalt beinflußt, kann man den § 315 anwenden.[3])

Allerdings muß der die Leistung bestimmende Faktor benannt sein. Ist es einer der Vertragschließenden, so vollzieht sich durch seine Selbstabsonderung die Scheidung ohne weiteres. Er selbst hat das Gleichgewicht zu halten oder herzustellen.

Das ältere deutsche Recht kennt im Gegensatz zum römischen die Möglichkeit einer Bestimmung im Sinne von § 315 BGB.:

der eildere sal teilen, der jungere sal kiesen (Ssp. III 29, 2).

Oder der Bestimmende steht außerhalb. Er ist Schiedsgutachter. Er hat auf beide Seiten die Leistungslasten zu verteilen. In bei-

---

[1]) In einer weitherzigen Entscheidung hat das Oberlandesgericht in Kolmar (IV. Z.-S. Urt. v. 15. 12. 10, Leipziger Zeitschr. 1911, Sp. 316) die Bestimmungsmöglichkeit gemäß § 315 BGB. herangezogen. „Die von einem Rechtsanwalt zur Erzielung eines Präventivakkords aufgewendete Tätigkeit ist nicht nach der RAGO., sondern nach landesgesetzlichen Taxvorschriften, in deren Ermanglung nach billigem Ermessen zu vergüten." Für Elsaß-Lothringen besteht keine landesgesetzliche Generalklausel, wie in der preußischen RAGO. in Art. 14 (Ges.-S. 1899, S. 385), daher ist anzunehmen, daß die Bestimmung durch einen der Vertragschließenden erfolgen soll, d. h. durch den Anwalt, wobei die Gebühren zuzubilligen sind, die im vorliegenden Falle zur Erhebung kämen für die analoge Tätigkeit im Prozeß.

[2]) Bd. 64, S. 114ff.

[3]) So lag auch der Fall in der erwähnten Entscheidung im Bd. 64, 114. Es handelt sich um das Recht des Beklagten, aus dem Grundstück des Klägers Ton zu fördern. Den Zeitpunkt für den Beginn der Förderung sollte der Beklagte bestimmen. Für jeden Zentner des geförderten Tones war dem Kläger ein Entgelt zugesagt. Hier ist der Beginn der Förderung eben maßgebend für den Umfang der Leistung, weil, solange die Förderung nicht stattfand, der Kläger sich mit einer Pauschalsumme abfinden mußte.

den Fällen (§ 315 und § 317) hat die Bestimmung nach billigem Ermessen zu erfolgen.[1])

Ist sie getroffen, dann ist die auf dem Vertragsgegenstand noch ruhende Unentschiedenheit aufgehoben. Waren die Vertragsteile vorher noch nicht in ihre Grenzen gewiesen, so sind sie durch die rechtliche Differenzierung zu selbständigen, in sich geschlossenen Parteien geworden.

Im Hinblick auf unseren Grundsatz liegt also eine gerade billige Bestimmung vor, weil es eine Gemeinschaft — im weitesten Sinne — zu scheiden gilt. Welche Gewähr für die Richtigkeit der Entscheidung besteht, d. h. ob sie auf objektiven Grundsätzen beruht, ist eine noch später zu beantwortende Frage.

Dieser ganzen Klasse von Bestimmungen billigen Rechts ist eine zweite gegenüberzustellen, deren Urbild sich in § 745 findet. Auch hier ist ein abgegrenzter Kreis zu differenzieren. Zweck ist aber nicht die einmalige reinliche Scheidung nach links oder rechts. Zwar soll auch eine Scheidelinie gezogen werden. Sie wird aber ins Ideelle projiziert. Es fehlt an einer Vereinbarung, und doch ist eine Regelung nicht zu umgehen. Objekt der Teilung ist daher ein unbestimmter unentschiedener Willensinhalt. Wie ist aus diesem Rohstoff gleichsam ein ausgeprägter Willenskörper zu bilden?

Die Gemeinschaft wird nicht aufgelöst — wie es in der bald zu erwähnenden Reichsgerichtsentscheidung scharf hervorgehoben wird —, sondern in einer beibehaltenen gemeinsamen Sphäre werden die einzelnen Willensrichtungen markanter herausgearbeitet und zur Einstimmigkeit geführt.

Ein treffliches Beispiel hierfür, zugleich Beweis, daß in diesen Unterscheidungen keine Künstelei liegt, ist folgende Entscheidung des Reichsgerichts.[2])

Es liegt folgender Sachverhalt vor: Zwei Brüder können sich über die Verwaltung des gemeinschaftlichen Hausgrundstücks nicht einigen. Der eine verlangt die gerichtliche Bestellung eines

---

[1]) Eine solche Bestimmung scheint auch in § 5 des preuß. Ges. betreffend die Vorausleistungen zum Wegebau vom 18. 8. 1902 gemeint zu sein: „Die zuständigen Behörden haben über Anträge auf Festsetzung von Vorausleistungen, sowie über Anträge auf Abänderung des festgesetzten Beitragsverhältnisses nach billigem Ermessen zu entscheiden".

[2]) Juristische Wochenschrift 1906, S. 112f.

Verwalters. Ist dies nach § 745 BGB. zulässig? Das Berufungsgericht weist die Klage ab, da die Verwaltung einem Dritten übertragen, den Teilhabern also gänzlich entzogen werden würde; § 745 aber bezwecke nur die Regelung unter den Teilhabern selbst, daher sei die Aufhebung der Gemeinschaft der einzige Ausweg. Es scheint offenbar, daß hier § 745 nicht richtig angewandt ist. Denn auch die Übertragung der Verwaltung an einen Dritten kann den Interessen der Beteiligten entsprechen.[1]) Das Reichsgericht wendet sich daher gegen das Berufungsgericht. § 745 bezieht sich gerade auf solche Fälle, in denen eine Aufhebung der Gemeinschaft nicht im Interesse der Teilhaber liegt. Auch im vorliegenden Fall soll das Hausgrundstück ungeteilt bleiben; denn über die Verwendung (als Mietgrundstück) besteht Einigkeit. Der Beklagte lehnt sich nur gegen die Kosten einer besonderen Verwaltung auf, er will die Verwaltung dem Kläger überlassen. Wenn es daher allein an der Person des einen Teilhabers liegt, an seiner Ungewandtheit und Unerfahrenheit, weswegen die Hilfe eines Dritten nötig erscheint, dann muß er die Kosten der Bestellung eines gerichtlichen Verwalters tragen. Denn dann handelt es sich nur um eine rein persönliche „Vertretung".

Es ist hier mit zutreffenden Gründen das Spannungsverhältnis unter den einzelnen Teilhabern einer Gemeinschaft ausgedrückt und aufgezeigt, wie trotz Bestehens der Gemeinschaft die Wege der Teilhaber zu scheiden sind.

In diese beiden unterschiedenen Klassen lassen sich fast sämtliche im BGB. normierten Fälle des billigen Rechts einordnen.

1. Unter das Schema der §§ 920, 315ff. gehören die folgenden Bestimmungen:

a) Mehrere erheben Anspruch auf eine Belohnung. Es mag Zufall sein, daß sie mit verschiedenen Mitteln an einem Erfolg mitwirkten. Hätte jeder selbständig den Erfolg herbeigeführt, dann würde es sich lediglich um eine Frage des festzustellenden Zeitpunktes handeln (§ 659). Die Schwierigkeit entsteht da, wo mehrere Handlungen sich zu einer Wirkung verschlingen. Dort (§ 659) ist ununterscheidbar höchstens die Priorität des oftmaligen gleichnamigen Erfolges. Hier (§ 660) die Anteilnahme mehrerer

[1]) Vgl. z. B. Gruchot Bd. 49, S. 837ff.

an dem nur einmal zur Erscheinung gekommenen Erfolge. Dort kann von einer Gemeinsamkeit der Interessen nicht die Rede sein. Die übrigen sind ausgeschlossen durch den einen, ihnen zeitlich überlegenen. Für eine billige Entscheidung, im Falle, daß sie zeitlich gleichen Ranges sind, besteht kein Grund. Hier wird der Zufall durch einen anderen Zufall, durch das Los bekämpft (§ 659 Abs. 2).

Ganz anders steht es im Falle des § 660. Hier verbindet der eine einmalige Erfolg die mehreren, die ihn herbeigeführt haben. Hier hat zwar auch der Zufall mitgewirkt, er hat aber eine wirkliche Gemeinschaft konstituiert, die allerdings nicht zu dauernder Verbundenheit bestimmt ist. Handelt es sich aber um die Spaltung der in eine gemeinsame Sphäre zusammengedrängten Vielheit von Interessen, dann gibt es keine berufenere Macht als die Billigkeit.

Die prinzipielle Verschiedenheit der §§ 315 und 317 kommt an den Spezialfällen gleichfalls zum Ausdruck. Entspricht der letzte Fall dem Vorbild des § 317, wo die Teilung der gemeinsamen Sphäre von außen her erfolgt, so ist § 971 BGB. dem § 315 gleichzustellen.

b) Es handelt sich in § 971 um die Bemessung des Finderlohnes, wenn die Fundsache keinen Gemeinwert hat.

Durch den allgemeinen Grundsatz des Gesetzes, den Finder zu entlohnen, ist auch in diesem Falle eine Verbundenheit zwischen Verlierer und Finder eingetreten, die bis zur Berechenbarkeit der rechtlichen Einzelansprüche bestehen bleibt. Hier kann keine Bestimmung von außen erwartet werden. Wie in § 315 vertraglich, so tritt in § 971 gesetzlich das Selbstbestimmungsrecht des einen Teiles in Kraft. Durch die Einsetzung des subjektiven Wertes der Fundsache vollzieht der Verlierer die Teilung und legt den Grundwert fest für die Berechnung des Finderlohnes.

c) Die Grundbedingungen für Billigkeitsentscheidungen liegen offensichtlich in einigen Bestimmungen des Erbrechts vor; am ehesten da, wo es sich um die Auseinandersetzung einer Erbenmehrheit handelt. Durch den Anteil des einzelnen Erben am gemeinschaftlichen Vermögen ist das Ziel der Auseinandersetzung vorgeschrieben. Das Wie ist zum Teil zwingend geregelt, kann aber auch unter anderm in das „billige Ermessen eines Dritten“ gestellt sein (§ 2048).

Nicht um einen selbständigen Fall wie eben handelt es sich in § 2156, der nur eine Anwendung der allgemeinen Bestimmungen der §§ 315 und 317 vorsieht. Ist nämlich nichts weiter als der Zweck eines Vermächtnisses bestimmt, so fehlt es noch an einem sicheren Leistungsinhalte. Dieser ist nach Maßgabe des Zweckes erst zu schaffen. Vorher besteht noch nicht die scharfe Abgrenzung zwischen den Rechten und Pflichten des Vermächtnisnehmers und des Beschwerten. Die Entscheidung ruht bei dem Letzten oder einem Außenstehenden. Insoweit finden die §§ 315—319 „entsprechende" Anwendung.

d) Schließlich wäre noch dieser Klasse eine Gruppe von Bestimmungen aus dem Familienrecht einzureihen. Durch das Verlöbnis und die Ehe sind Gemeinschaften geschaffen, deren Auflösung mitunter Verhältnisse hervorruft, die nur durch die Billigkeit richtig zu ordnen sind.

Es kommen drei Vorschriften in Betracht. Auf der einen Seite steht der § 1300, auf der anderen sind die §§ 1361 und 1579 zu nennen.

Durch das Eheversprechen werden die Verlobten zu einer nicht bloß konventionellen Gemeinschaft verbunden. Nur *eine* Rechtswirkung, der Anspruch auf Erfüllung, soll wegen des unerwünschten Ergebnisses einer Zwangsehe ausgeschlossen sein. Insofern sind ethische Gesichtspunkte Motive auch für die rechtliche Beurteilung. Die hauptsächliche Rechtswirkung ist die Entschädigungspflicht bei Lösung des Verlöbnisbundes. Die Ansprüche sind nach der *Angemessenheit* der erfolgten Ausgaben zu regulieren (§ 1298 Abs. 2 BGB.). Nur im Falle der nichtvermögensrechtlichen Entschädigung wird zur Abwägung der Einzelinteressen eine höhere Gemeinschaft aufgebaut. Die Auseinandersetzung der Verlobten erstreckt sich noch auf die durch Aufhebung der Gemeinschaft verletzten ideellen Werte.[1])

Es ist hierbei zu erinnern, daß der § 847 dem Verletzten für ideellen Schaden gleichfalls eine „*billige* Entschädigung" zu-

[1]) Interessant ist die Entscheidung des Reichsgerichts in JW. 1906, S. 425f. Zwischen den Verlobten hat schon vor dem Verlöbnis Geschlechtsverkehr stattgefunden. Der Verkehr wurde nach dem Verlöbnis fortgesetzt. Kann bei der Auflösung des Verlöbnisses ein Nichtvermögensschaden geltend gemacht werden? „Eine grundsätzliche Scheidung des Schadens in den, der durch den Verkehr nach dem Verlöbnis, und in den, der vor ihm entstanden ist, ist unzulässig." Ein Recht auf billige Entschädigung ist also auch hier begründet, die besondere Sachlage ist nur für die *Bemessung* des Schadens von Belang (siehe unten).

spricht. Es ist die gleiche Behandlung der §§ 847 und 1300 aus dem § 253 BGB., in dem sie ausdrücklich begründet sind, zu verstehen. Nicht weit von ihnen steht der § 971, da es sich hier um einen Affektions-, also auch ideellen Wert handelt.

Der zum Getrenntleben berechtigte oder geschiedene, nicht schuldige Ehegatte hat ein Interesse daran, daß jetzt auch eine entsprechende Scheidung des bisher ungeteilten, gemeinschaftlich aufgenommenen Unterhalts eintritt. Es steht also eine Verteilung der Unterhaltsmittel in Frage. Diese Teilung muß gemäß § 1361, sowie § 1579 nach Billigkeit erfolgen, desgleichen im Falle des § 627 ZPO.; denn § 1361 ist in diese Bestimmung aufgenommen.

Die Rechtsprechung des Reichsgerichts zu diesen letzten Fällen ist ergiebiger als sonst.

In einer Entscheidung zu § 1361 [1]) rügt es mit Recht die Auffassung des Berufungsgerichts, daß die Unterhaltspflicht aus § 1361 als einseitige Last des Mannes auch über die Aufhebung der Gemeinschaft hinaus fortdauere. Grundsätzlich seien die Verhältnisse beider Teile zu berücksichtigen. Entsprechendes gilt für die geschiedenen Ehegatten.

Mit besonderem Nachdruck fordert das Reichsgericht die sorgfältige Prüfung der Voraussetzungen für die Anwendung des § 1579 Abs. 1 Satz 2 BGB. [2])

Der Ehemann hat nicht das herzugeben, was ihm selbst übrig bleibt, wie das nach § 1579 Abs. 1 Satz 1 geschieht, [3]) sondern die Erwerbs- und (sogar die jeweiligen [4]) Vermögensverhältnisse der sämtlichen Beteiligten sind so zusammenzubringen, als handelte es sich um eine einzige Unterhaltsgemeinschaft. [5])

„Die Regel wird aber sein, daß sich alle Beteiligten unter Berücksichtigung ihrer Vermögens- und Erwerbsverhältnisse und namentlich ihrer Bedürfnisse, die bestimmte Ausgaben als dringend notwendig erscheinen lassen, eine entsprechende Herabsetzung des ihnen zukommenden Unterhalts gefallen lassen müssen. Diese Regelung nach Billigkeit ..." [6]) Wiederholt wird immer als

---

[1]) JW. 1903, S. 87, Nr. 201.

[2]) JW. 1903, S. 88, Nr. 204 und 1903, S. 147, Nr. 321, wo eine Regelung nach § 1579 I, 2 zum Vertragsinhalt gemacht worden ist.

[3]) RG. 67, 56 ff. und 75, 433.

[4]) RG. 75, 127.

[5]) RG. 48, 112; 67, 56 ff.

[6]) RG. 75, 433.

Grundsatz: „Die Interessen sämtlicher Beteiligten sollen abgewogen werden.“ (Billicheyt ys des gesettes vnbeschreue schrotwacht.)

Bemerkenswert ist, daß das Reichsgericht das Maß der persönlichen Zuneigung des Verpflichteten zu den Beteiligten als nicht mitbestimmend außer acht läßt. Rein sachliche Gründe sollen entscheiden.

Nach dem Reichsgericht ist auch nach Billigkeit (also nicht gemäß § 1579, I, 1) zu entscheiden, wenn der Verpflichtete demnächst für ein minderjähriges unverheiratetes Kind zu sorgen hat.[1]) § 323 ZPO. bietet dann jederzeit die Möglichkeit der Regulierung.

In allen diesen Fällen handelt es sich also gleichmäßig um für beide Teile noch unbestimmte Werte, deren Bemessung, Wägung oder Scheidung in Frage kommt, bei denen zwischen den Streitenden eine Grenze zu ziehen ist.

2. Handelt es sich aber nur um Abgrenzung der innerhalb einer bestehenbleibenden Gemeinschaft konkurrierenden Interessen, dann liegen die Fälle vor, die der zweiten Klasse, dem § 745 BGB., folgen.

Hierher gehört nur der Fall, daß mehrere Nutzungsberechtigte in der gemeinsamen Ausübung ihrer Befugnisse sich gegenseitig einzuschränken haben (§ 1024 BGB.)[2]), und der Fall, daß eine von den gesetzlichen Vorschriften abweichende Art des Pfandverkaufs den einzelnen Beteiligten günstiger ist (§ 1246), wobei die Frage aus der Gemeinsamkeit ihrer Interessen zu beantworten ist; „unter Abwägung der Interessen aller Beteiligten“. So ist z. B. bei § 1246 unter die Gemeinschaft der Interessenten auch ein Pfandgläubiger zu rechnen, dessen Pfandrecht durch die Veräußerung des Pfandes erlöschen könnte.[3])

Erwähnt sei noch, daß auch § 2038 BGB. hier einzureihen ist, da in dessen Absatz 2 § 745 aufgenommen ist.

Daß diese Fälle zusammen eine Klasse bilden, folgt schon aus

---

[1]) RG. 72, 199.

[2]) Nach Art. 692 des Schweiz. ZGB. besteht die Pflicht billiger Rücksichtnahme nicht nur zwischen mehreren Nutzungsberechtigten, sondern auch zwischen Eigentümer und jedem Berechtigten. § 1020 BGB. spricht von „tunlichster“ Schonung.

[3]) JW. 1903, S. 88.

dem Sprachgebrauch des Gesetzes. Die Regelung hat „nach billigem Ermessen im Interesse aller Beteiligten“ zu geschehen.[1])

3. Nur die §§ 829 und 847 fordern eine besondere Beurteilung. Der § 829 läßt sich am besten aus seiner — schon dargelegten — Geschichte heraus verstehen. Er soll einen Ausnahmefall, die Gewährung eines Anspruchs trotz grundsätzlicher Ausschließung statuieren. Ist das aber der Fall, dann wird man hier in der „Billigkeit“ den volkstümlichen Begriff wieder zu finden glauben müssen.

Eine offenbare Anlehnung an den § 829 BGB. findet sich in den §§ 45 und 159 des preußischen Wassergesetzes vom 7. April 1913: „... insoweit Entschädigung zu gewähren, als die Billigkeit nach den Umständen eine Schadloshaltung erfordert.“

Ähnlich verhält es sich mit dem § 847 BGB. Hier ist der Grund darin zu finden, daß es sich um Interessen handelt, die keinen Vermögenswert haben, sondern erst dazu umgewandelt werden sollen. Auch hier erscheint der Begriff in seiner volkstümlichen Färbung. Insoweit, als nämlich die ideelle Bewertung den Ausgangspunkt bildet, gehört auch § 1300 BGB. hierher. Der Ursprung der „billigen Entschädigung“ scheint im Allgemeinen Landrecht zu liegen.[2])

Bei § 847 z. B. wäre noch zu beachten, daß der § 287 ZPO. nichts mit ihm zu tun hat. Es handelt sich hier ja nicht um den materiellen Grund des Schadensersatzes, sondern schon um die (prozessuale) Würdigung der den Schaden bestimmenden Umstände, also um Beweiswürdigung.

4. Gemeinsam ist allen Fällen, daß erst nach einer etwaigen selbstgewollten Auseinandersetzung zu fragen ist. Wie das z. B. in § 920 zum Ausdruck kommt, so gleichfalls in § 745 Absatz 1 und am Anfang des Absatz 2, während z. B. in § 1024 ein allgemeinerer Gesichtspunkt hervorgekehrt wird. Hier müssen Rechte von „gleichem Rang“ zusammenstoßen. Erst in Ermangelung

[1]) Vgl. die §§ 745, 1024, 1246. Das gleiche gilt, ohne daß auf „das Interesse aller Beteiligten“ Bezug genommen wird, gemäß § 1740 der Reichsversicherungsordnung, wie sich aus dem vorangehenden § 1739 ergibt. In den §§ 1266 und 1303 RVO. handelt es sich um die „Bestimmung“ von Daten etwa im Sinne von §§ 660, 971 BGB.

[2]) ALR. I, 22, § 4: „billige Vergütung“.

derartiger, das Konkurrieren regulierender Momente wirkt als letzte Instanz die Billigkeit, wenn sie nicht die einzige ist, (wie in den §§ 829, 847, 1300 BGB.).

5. Es fällt auf, daß das Gesetz nicht allenthalben die gleiche Terminologie anwendet. Im letzten Grunde ist das ohne Bedeutung. Es sind drei verschiedene Termini gebräuchlich: billiges Ermessen, Billigkeit, billige Entschädigung.

Der erste Ausdruck kehrt am häufigsten wieder, die beiden anderen sind nur vereinzelt anzutreffen.[1]) Diese unterschiedliche Verwendung scheint begründet zu sein. Schon auf den ersten Blick fällt auf: nach „billigem Ermessen" ist eine „Bestimmung" zu treffen, die Regelung eines Zustandes soll der „Billigkeit" entsprechen. Diese äußerliche Unterscheidung ist innerlich darin begründet, daß dort innerhalb der bestehenbleibenden Gemeinschaft die rechtlichen Individualitäten erst zu finden sind, hier aber gefragt wird nach der Harmonie der rechtlich oder tatsächlich schon geschiedenen Gemeinschaft. Das billige Recht als Methode kommt trotzdem in ihnen allen einheitlich zum Ausdruck.

Das ist aus den allgemeinen auf billiges Recht verweisenden Bestimmungen des BGB. ersichtlich. Die Bestimmung selbst erfolgt nach „billigem Ermessen", die getroffene Bestimmung muß der „Billigkeit" entsprechen, oder negativ ausgedrückt, darf nicht „offenbar unbillig" sein.[2])

Das Gesetz gebraucht nicht den Begriff Billigkeit ohne besondere Vorsicht und Genauigkeit; es vermeidet ihn offenbar, wenn nicht die im allgemeinen hervorgehobenen Merkmale seine Verwendung fordern. Ein einleuchtendes Beispiel gibt § 64 des Gesetzes über den Versicherungsvertrag vom 30. Mai 1908.[3]) Die Formulierung

---

[1]) Vgl. §§ 847, 1300 einerseits und die §§ 829, 920, 1361 und 1579 andererseits.

[2]) Im Handelsgesetzbuch ist die Billigkeit nur ein einziges Mal erwähnt. Nach § 74 soll das Fortkommen des Handlungsgehilfen durch eine Karenzvereinbarung nicht eine „unbillige" Erschwerung erleiden. Der Begriff ist hier richtig angewendet; denn durch die Karenzvereinbarung bleibt der Verpflichtete trotz seines Ausscheidens aus der Stellung mit dem früheren Prinzipal verbunden. Daher wird ja auch häufig das Gehalt oder ein Teil davon weitergezahlt.

[3]) „Sollen nach dem Vertrag einzelne Voraussetzungen des Anspruchs aus der Versicherung oder die Höhe des Schadens durch Sachverständige

dieser Bestimmung erinnert an § 315, da es sich aber nur um die möglichst genaue Feststellung einer Tatsache handelt, der „Sachlage“, so würde in der Tat eine Bestimmung nach billigem Ermessen gar nicht in Frage kommen, denn es handelt sich ja nicht um Abgrenzung auf gemeinschaftlichem Gebiet zusammenstoßender Interessen.

II. Die objektive Brauchbarkeit des Prinzips.

Die Billigkeit hat objektive Geltung durch ihr Begründetsein in der Idee des Rechtes selbst. Bietet sie aber auch objektive Brauchbarkeit bei der Anwendung in den Einzelfällen? Diese zweite von uns gestellte Frage ist ohne Einschränkung zu bejahen.

Bei der Abfassung der auf billiges Recht verweisenden Bestimmungen des Gesetzes hat sich, wie früher schon dargelegt wurde, die Auffassung durchgesetzt, daß man in der Billigkeit eine genügend „markante Formel“ besitze. Diese hatte nur durch einen verwahrlosten Sprachgebrauch ein allzu geschmeidiges Wesen angenommen. Hedemann[1]) sagt hierzu: „Die Festigkeit, die wir brauchen, um aus barer Willkür eine besonnene Richtungslinie zu machen, liegt in der Realität der Umstände des Einzelfalles, also in der konkreten Lage als einer gegebenen Größe.“ Diese Größe[2]) schafft sich sogleich ihr Gegengewicht nach dem Grundsatze der Gemeinschaft.

Eine Gewähr für objektive Beurteilung des Einzelfalles wird auch in der Strenge der Terminologie des Einzelfalles zu finden sein. Sie ist nicht überall, auch nicht im Schweizer ZGB. befolgt. Im § 829 unseres BGB. heißt es: „. . . als die Billigkeit nach den Umständen, insbesondere nach den Verhältnissen der Beteiligten eine Schadloshaltung erfordert“. Dieser Wortlaut gibt eine objektiv faßbare Bestimmung durch Hervorkehrung wertmessender Merkmale. Der zweite Entwurf eines ungarischen allgemeinen bürgerlichen Gesetzbuches (§ 1486) hat sich der Fassung unseres BGB. angeschlossen.[3])

---

festgestellt werden, so ist die getroffene Feststellung (nicht Bestimmung) nicht verbindlich, wenn sie offenbar von der wirklichen Sachlage erheblich abweicht. Die Feststellung erfolgt in diesem Falle durch Urteil. Das gleiche gilt, wenn die Sachverständigen die Feststellung nicht treffen können oder wollen oder sie verzögern.“

[1]) A. a. O. S. 116.

[2]) Das „rechtsgestaltende Faktum“ (Jellinek).

[3]) DJZ. 1913, Sp. 788.

Es wird in einer Abwägung der Vermögensverhältnisse der Interessierten der Wertmesser gesucht. Anders das Schweizer ZGB. Abgesehen davon, daß es im Artikel 4 „Recht und Billigkeit" wieder zu einer Redensart verbindet und so in den Volkston zurückfällt, d. h. eine Gefühlsnote dahinein trägt, ist auch im Artikel 54 des Obligationenrechts mit den Worten: „Aus Billigkeit kann der Richter ... verurteilen", keine so strenge Richtschnur gegeben, wie in unserm BGB.; wenn man diese beiden Artikel (4 und 54) zusammenhält, rückt die Gefahr einer rein gefühlsmäßigen Entscheidung näher. Ein gelockerter Sprachgebrauch wird leicht vergessen lassen, welche objektive und allein zweckdienliche Bedeutung die Billigkeit besitzt. Diese erwähnte Art schwankender Terminierung berührt sich mit der des badischen Landrechts, das in § 565 sogar von einer natürlichen Billigkeit (naturalis aequitas!) redet und im § 1135 die Billigkeit ohne deutlichere Präzision wiederholt.

Genauere Ausdrucksweise befolgt schon das österreichische alte BGB. Hiernach erfolgt gemäß § 500 die Festsetzung der Anzahl des Triebviehs nach billiger Rücksicht, die vom Umfang und von der Beschaffenheit der Weide ihren objektiven Maßstab hernimmt.

Derselben Betrachtung unterliegen die Fälle unseres Gesetzes, zunächst die §§ 315ff.

Das Reichsgericht hat sich in den wenigen Fällen, die ihm zur Entscheidung vorlagen, auf den objektiven Gehalt des Billigkeitsprinzips hinzuweisen bemüht. Das ist um so mehr festzuhalten, als im allgemeinen die Billigkeit für das Reichsgericht das Korrektiv ist für die Entscheidungen des freien Rechts überhaupt. Hier folgt das Reichsgericht dem unprägnanten Sprachgebrauch. Es spricht z. B. von dem Anstandsgefühl aller billig und gerecht Denkenden, wenn es für den Begriff der „guten Sitten" einen Inhalt zu gewinnen sucht.[1])

Demgegenüber beweist die Praxis des billigen Rechts, daß es an einer Erkenntnis seiner Besonderheit nicht fehlt. Das mag an einigen Fällen dargetan werden, zunächst den §§ 315ff.

Das billige Ermessen, das im Zweifel angerufen wird, wenn die Bestimmung der Leistung einem Vertragschließenden

[1]) RG. 80, 221. Vgl. ferner Entsch. Bd. 60, S. 7: „Die Billigkeit mag erfordern, die Schadensersatzpflicht nur beim Vorhandensein eines Verschuldens anzuerkennen; es ist aber (?) ein Gebot der Gerechtigkeit ..."

überlassen ist, ist als objektiver Maßstab anzusehen,[1]) der in dem Wert der einen Leistung liegt. Diese allgemeinen Bestimmungen rechtfertigen ihre Berufung auf die Billigkeit wegen der „Unbestimmtheit des Leistungsinhalts".[2]) Zwar kann auch nach freiem Belieben eine Entscheidung erfolgen und dadurch eine Unbilligkeit in das Vertragsverhältnis hineingetragen werden, die nicht durch Urteil regulierbar ist, aber durch das ausdrückliche Übereinkommen solcher Art übernimmt jeder Vertragsteil ein Risiko, das er später nicht von sich abwälzen sollte, wenn er die Bestimmung nicht anerkennt. Daß nach § 319 II eine offenbar unbillige Entscheidung möglich ist, weil die Unbilligkeit nur bei der Entscheidung nach billigem Ermessen eine Unverbindlichkeit erzeugt, muß nicht notwendig geschlossen werden. Das freie Belieben ist nicht gleichbedeutend mit Willkür; es verlegt nur den Maßstab mehr in das bestimmende Subjekt und nicht lediglich in die gegebenen Umstände. Man setzt Vertrauen in den Takt des Dritten. Nur der Unterschied gegenüber dem billigen Ermessen besteht, daß die Bestimmung nicht unverbindlich sein und nicht durch richterliches Urteil ersetzt werden solle, wenn sie offenbar unbillig ist, daß vielmehr dann die allgemeinen Grundsätze den Ausschlag geben. Immerhin ist der Fehler, den manche in dieser Fassung des Gesetzes sehen, durch „scharfe Anspannung der Vermutung des § 317 I"[3]) leicht auf ein geringes Maß einzuschränken. Der subjektive Charakter des freien Beliebens rückt aber das Objektive, das im billigen Ermessen liegt, in hellere Beleuchtung.

Die Art der §§ 315ff. hat ihre Vorbereitung bereits im österr. a. BGB. im § 904. Beim Vorbehalt willkürlicher[4]) Erfüllungszeit ist dem Richter die Festsetzung nach Billigkeit auferlegt, also ausdrücklich auf dieses Prinzip gestellt, das ohne nominelle Berufung bereits auf ALR. I, 5, §§ 230ff. zurückgeht. Jedenfalls ist die Bestimmung der Leistung nach billigem Ermessen durch den einen Vertragsteil selbst eine Erscheinung der neueren

[1]) Endemann, Lehrb. d. bürgerl. Rechts, I, 2 (1903), S. 661ff.

[2]) Endemann a. a. O. [3]) Endemann a. a. O. In dem dargelegten Sinne wird auch die Frage nach dem Unterschied zwischen Billigkeit und freiem Ermessen im Verwaltungsrecht zu entscheiden sein. Das meint wohl auch Bühler, Die subj. öffentl. Rechte, 1914, S. 277ff.

[4]) Hier rückt die Frage nahe, ob in dem „freien Belieben" nicht doch mehr objektiver Gehalt liegt, als man vermuten möchte.

Zeit, da ja das römische Recht in D. 18, 1, 35, 1 erklärt: Illud constat imperfectum esse negotium, cum emere volenti sic venditor dicit: quanti velis, quanti aequum putaveris....

Daß das billige Ermessen einen objektiven Maßstab bietet und so allein als Rechtsprinzip bestehen kann, ist uns eine sichere Erkenntnis. Auch daß von einer offenbar unbilligen Bestimmung die Rede ist, also ein gewisses anschauliches oder auf das augenblickliche Empfinden zurückweisendes Element darin erblickt werden könnte, macht diese Erkenntnis nicht unsicher. Denn diese Offenbarkeit besteht als solche unmittelbar nur in der Anschauung des Sachverständigen,[1]) also in einer Vorstellungsweise, in der eine vernunftgemäße Erwägung implicite mit enthalten ist.

Nur insofern ist auch zu verstehen, daß das Reichsgericht billiges und sachverständiges Ermessen geradezu gleichsetzt.[2]) Es ist hierbei noch zu beachten, daß eine Bestimmung nicht immer ohne weiteres als unbillig zu verwerfen ist, sondern gegebenenfalls nach Beweiserhebung. Also durch die Nachprüfung und Nachprüfbarkeit der der Bestimmung zugrunde liegenden Tatsachen wird die sachlich richtige Beurteilung ermöglicht und gewährleistet.

Ja, der vom Richter in den gesetzlichen Fällen verlangte billige Spruch kann nur verlangt werden, wenn die Parteien selbst mit ihren Anträgen eine bestimmte Richtung weisen. Sie müssen die „gewünschte Maßregel selbst beantragen".[3]) Es gilt also keine Ausnahme von dem prozessualen Grundsatz, daß den Parteien nur zugesprochen werden darf, was sie in substanziierter Form beantragt haben (§ 308 ZPO.). Andererseits darf der Richter seine Begründung nicht einfach auf „billiges Ermessen" zurückführen. Es sind die näheren Umstände, die hierfür ausschlaggebend sind, zu bezeichnen. Die Formeln des freien Rechts werden in diesem Punkte sehr oft mißbraucht, indem sie sich da einstellen, wo klare Einsicht fehlt.[4])

Wenn auch die verschiedensten Maßnahmen in Betracht kommen, um im einzelnen das Richtige zu finden,[5]) so ist doch nicht eine von den möglichen herauszugreifen, sondern die, die zu den be-

[1]) Vgl. RG. 69, 167 ff.

[2]) JW. 1908, S. 711; Leipziger Zeitschr. 1911, Sp. 546.

[3]) Gruchot Bd. 49, S. 837 ff.

[4]) Vgl. Vierhaus a. a. O. S. 56.

[5]) Gruchot Bd. 49 S. 837.

sonderen Umständen am besten paßt. Wie sorgfältig das Reichsgericht hierbei verfährt, geht aus den einschlägigen Entscheidungen hervor.[1]) Besonders hinzuweisen ist auf einige interessante Einzelfälle.

Ausschlaggebend sind die feststehenden und feststellbaren Tatsachen. Nicht ob der Wochenlohn zum notdürftigen Unterhalt (§ 1361 BGB.) reichen könnte, sondern ob er wirklich reicht, muß untersucht werden.[1]) Andererseits sind Ereignisse oder Handlungen, die mit hoher Wahrscheinlichkeit zu erwarten sind, bei der Beurteilung nicht außer acht zu lassen.

Wenn einer geschiedenen Ehefrau von ihrem Vater eine Leibrente nur mündlich versprochen worden, er also rechtlich nicht gebunden ist, wegen Mangels der Form (§ 760 BGB.), so kann dieser Umstand nicht ganz außer acht bleiben — entgegen dem Reichsgericht[2]) —, ebenso wie das Reichsgericht selbst die Wahrscheinlichkeit, nicht die Tatsache der Inanspruchnahme des Unterhaltspflichtigen durch unverheiratete minderjährige Kinder (§ 1579 BGB.) für die Bemessung des Unterhalts der geschiedenen Ehefrau für erheblich gehalten hat.[2])

Werden also mitunter Werte einbezogen, die mit Wahrscheinlichkeit erst zu erwarten sind, so müssen doch solche außer Betracht bleiben, die für den Fall der Haftung Deckung gewähren, z. B. Versicherungsansprüche, die zur Schadloshaltung für die gerade erst festzustellende Verpflichtung dienen.

Ein Arzt wird wegen eines Kunstfehlers in Anspruch genommen. Er ist in Höhe von 30000 Mk. versichert. Der hieraus dem Arzt erwachsende Vorteil kann die billige Entschädigung nicht erhöhen. Denn der Anspruch des Versicherten richtet sich nach dem Betrag der zuvor festgestellten, von ihm zu leistenden Entschädigungssumme.[3])

Ideelle Werte sind nur zu berücksichtigen unter dem allgemeinen Gedanken, der sich in § 253 BGB. verkörpert, d. h. also, sie dienen zur Ausmessung bei der billigen Teilung, wenn sie an sich durch jene Sonderbestimmung in Vermögenswerte übergeführt werden können.

Wenn das Reichsgericht für den Grund des billigen Anspruches nach § 1300 BGB. den Geschlechtsverkehr vor dem Verlöbnis nicht als ausschließend ansieht, so betrachtet es ihn als maßgebend doch für den Inhalt der Bestimmung. Da der hier in Betracht

[1]) RG. 48, 112. [2]) RG. 72, 199ff. [3]) RG. 63, 104f.

kommende, nicht vermögensrechtliche Wert einmal Gegenstand vermögenswerter Beurteilung geworden ist, so ist er es auch **allgemein**.[1]) Die persönliche Zuneigung zwischen den Beteiligten aber kann nie ausschlaggebend — z. B. für die Bemessung des Unterhalts — werden, weil ein solcher ideeller Wert nirgends im Recht zum Vermögensobjekt umgebildet werden kann.[2]) — —

Das Ergebnis ist dahin zusammenzufassen. Die Billigkeit ist in unseren Gesetzen in einer ganz besonderen Bedeutung angewendet. Sie ist eine Einzelform des unser ganzes Recht durchziehenden Grundprinzips des freien Rechts. Freies Recht und Billigkeit sind nicht gleich zu setzen, sie sind wie Gattung und Spezies voneinander zu scheiden.

In Erörterungen über das Verhältnis von Recht und Billigkeit wird dieses Gebot nicht befolgt. Die allgemeine Frage wird, was doch am nächsten liegt, nicht an die ausdrücklich auf das Billige verweisenden Vorschriften geknüpft, sondern z. B. an die §§ 157, 242 BGB., weil man in diesen Regeln die Verbindung mit dem „gefühlsmäßigen Rechtsempfinden spüren könne"![3])

Wenn der Begriff der Billigkeit in der Regel angewendet werden soll, wo es sich um die Zerlegung einer noch ungeteilten gemeinschaftlichen Sphäre handelt, so sind ebenso die Ausdrücke „wichtiger Grund", „Treu und Glauben", „gute Sitten" in ihrer Besonderheit zu prüfen und sind ihre unterscheidenden Merkmale aufzuzeigen. Das ist eine besondere Aufgabe, die allerdings zurücktritt hinter der wichtigeren, der Erforschung der **Billigkeit**, auf die sich jeder beruft, selbst wenn er ihren objektiven, daher praktisch brauchbaren Wert nicht erkannt hat.

Jene Vorschriften (§§ 157, 242 BGB.) stehen unserem billigen Recht nahe, denn sie gehören mit ihm dem freien Recht an, dessen Ursprung wieder zurückgeht zu dem Gedanken des altdeutschen Sprichwortes: „Enges Recht ist ein weit Unrecht".

---

[1]) JW. 1906, S. 425 f. [2]) RG. 75, 433 ff.

[3]) Roth, Recht und Billigkeit, Recht und Wirtschaft 1914, S. 47. Die Frage, die mit der nach der Billigkeit identisch sein soll, wird in geschmackloser Weise so gestellt: „Wie muß die Rechtsordnung funktionieren, um die Scylla zu vermeiden, ohne von der Charybdis verschlungen zu werden?" a. a. O. S. 48.

Herrosé & Ziemsen, G. m. b. H., Wittenberg.

Herrosé & Ziemsen, G. m. b. H., Wittenberg.

FSC
www.fsc.org
MIX
Papier | Fördert
gute Waldnutzung
FSC® C083411

Kolibri 360 GmbH
Ferdinand-Jühlke-Straße 7
99095 Erfurt, Deutschland
produktsicherheit@kolibri360.de